副刊文丛

主编 李辉 王刘纯

国宝华光

徐红梅 吴艳丽 编

中原出版传媒集团
中原传媒股份有限公司
大象出版社
·郑州·

图书在版编目(CIP)数据

国宝华光 / 徐红梅，吴艳丽编.— 郑州：大象出版社，2018.4
(副刊文丛 / 李辉，王刘纯主编)
ISBN 978-7-5347-9545-9

Ⅰ.①国… Ⅱ.①徐…②吴… Ⅲ.①文物—考古—中国—文集 Ⅳ.①K870.4-53

中国版本图书馆 CIP 数据核字(2017)第 268543 号

国宝华光
GUOBAO HUAGUANG

徐红梅　吴艳丽　编

出 版 人　王刘纯
项目统筹　李光洁　成　艳
责任编辑　成　艳
责任校对　安德华
封面设计　段　旭
内文设计　杜晓燕

出版发行　**大象出版社**(郑州市开元路 16 号　邮政编码 450044)
　　　　　发行科　0371-63863551　总编室　0371-65597936
网　　址　www.daxiang.cn
印　　刷　北京汇林印务有限公司
经　　销　各地新华书店经销
开　　本　787mm×1092mm　1/32
印　　张　9.25
版　　次　2018 年 4 月第 1 版　2018 年 4 月第 1 次印刷
定　　价　58.00 元
若发现印、装质量问题，影响阅读，请与承印厂联系调换。
印厂地址　北京市大兴区黄村镇南六环磁各庄立交桥南 200 米(中轴路东侧)
邮政编码　102600　　　　　电话　010-61264834

"副刊文丛"总序

李 辉

设想编一套"副刊文丛"的念头由来已久。

中文报纸副刊历史可谓悠久,迄今已有百年。副刊为中文报纸的一大特色。自近代中国报纸诞生之后,几乎所有报纸都有不同类型、不同风格的副刊。在出版业尚不发达之际,精彩纷呈的副刊版面,几乎成为作者与读者之间最为便利的交流平台。百年间,副刊上发表过多少重要作品,培养过多少作家,若要认真统计,颇为不易。

"五四新文学"兴起,报纸副刊一时间成为重要作家与重要作品率先亮相的舞台,从鲁迅的小说《阿Q正传》、郭沫若的诗歌《女神》,到巴金的小说《家》等均是在北京、上海的报纸副刊上发表,从而产生广泛影响的。随着各类出版社雨后春笋般出现,杂志、书籍与报纸副刊渐次形成三足鼎立的局面,但是,不同区域或大小城市,都有不同类型的报纸副刊,因而形成不同层面的读者群,在与读者建立直接和广泛的联系方面,多年来报纸副刊一直占据优势。近些年,随着电视、网络等新兴媒体的崛起,报纸副刊的优势以及影响力开始减弱,长期以来副刊作为阵地培养作家的方式,也随之隐退,风光不再。

尽管如此,就报纸而言,副刊依旧具有稳定性,所刊文章更注重深度而非时效性。在新闻爆炸性滚动播出的当下,报纸的所谓新闻效应早已滞后,无法与昔日同日而语。在我看来，唯有副刊之类的版面，侧重于独家深度文章，侧重于作者不同角度的发现，才能与其他媒体相抗衡。或者说，只有副刊版面发表的不太注重新闻时效的文章，才足以让读者静下心，选择合适时间品茗细读，与之达到心领神会的交融。这或许才是一份报纸在新闻之外能够带给读者的最佳阅读体验。

1982年自复旦大学毕业，我进入报社，先是编辑《北京晚报》副刊《五色土》，后是编辑《人民日报》副刊《大地》，长达三十四年的光阴，几乎都是在编辑副刊。除了编辑副刊，我还在《中国青年报》《新民晚报》《南方周末》等的副刊上，开设了多年个人专栏。副刊与我，可谓不离不弃。编辑副刊三十余年，有幸与不少前辈文人交往，而他们中间的不少人，都曾编辑过副刊，如夏衍、沈从文、萧乾、刘北汜、吴祖光、郁风、柯灵、黄裳、袁鹰、姜德明等。在不同时期的这些前辈编辑那里，我感受着百年之间中国报纸副刊的斑斓景象与编辑情怀。

行将退休，编辑一套"副刊文丛"的想法愈加强烈。尽管面临新媒体的挑战，不少报纸副刊如今仍以其稳定性、原创性、丰富性等特点，坚守着文化品位和文化传承。一大批副刊编辑，不急不躁，沉着坚韧，以各自的才华和眼光，既编辑好不同精品专栏，又笔耕不辍，佳作迭出。鉴于此，我觉得有必要将中国各地报纸副刊的作品，以不同编辑方式予以整合，集中呈现，使纸媒副刊作品，在与新媒体的博弈中，以出版物的形式，留存历史，留存文化，便于日后人们借这套丛书领略中文报纸副刊（包括海外）曾经拥有过的丰富景象。

"副刊文丛"设想以两种类型出版，每年大约出版二十种。

第一类：精品栏目荟萃。约请各地中文报纸副刊，挑选精品专栏若干编选，涵盖文化、人物、历史、美术、收藏等领域。

第二类：个人作品精选。副刊编辑、在副刊开设个人专栏的作者，人才济济，各有专长，可从中挑选若干，编辑个人作品集。

初步计划先从20世纪80年代开始编选，然后，再往前延伸，直到"五四新文学"时期。如能坚持多年，相信能大致呈现中国报纸副刊的重要成果。

将这一想法与大象出版社社长王刘纯兄沟通，得到王兄的大力支持。如此大规模的一套"副刊文丛"，只有得到大象出版社各位同人的鼎力相助，构想才有一个落地的坚实平台。与大象出版社合作二十年，友情笃深，感谢历届社长和编辑们对我的支持，一直感觉自己仿佛早已是他们中间的一员。

在开始编选"副刊文丛"过程中，得到不少前辈与友人的支持。感谢王刘纯兄应允与我一起担任丛书主编，感谢袁鹰、姜德明两位副刊前辈同意出任"副刊文丛"的顾问，感谢姜德明先生为我编选的《副刊面面观》一书写序……

特别感谢所有来自海内外参与这套丛书的作者与朋友，没有你们的大力支持，构想不可能落地。

期待"副刊文丛"能够得到副刊编辑和读者的认可。期待更多朋友参与其中。期待"副刊文丛"能够坚持下去，真正成为一套文化积累的丛书，延续中文报纸副刊的历史脉络。

我们一起共同努力吧！

2016年7月10日，写于北京酷热中

目 录

一、"国宝华光"国之重器系列

青铜之王：后母戊鼎 3

东晋风流：王珣《伯远帖》 华宁 8

魏晋风度：唐孙位《高逸图》 单国霖 12

大唐欢歌：鎏金舞马衔杯纹皮囊式银壶

韩建武 17

千窑一宝：元青花釉里红贴花开光花卉纹盖罐

申献友 22

楚文化精神的象征：战国《人物龙凤图》帛画

刘刚 28

古老的冰箱：曾侯乙铜鉴缶 万全文 33

— 1 —

红山文化：玉猪龙　　　　　　　　徐戎戎　39

青州样式：贴金彩绘石雕观音菩萨立像

　　　　　　　　　　　　　　　　王瑞霞　44

胡风汉韵：黄釉扁壶　　　　　　　古花开　50

滇文化的生命赞歌：牛虎铜案　　　樊海涛　55

千峰翠色：唐葵口圈足秘色瓷碗　　姜　捷　59

六朝神品："竹林七贤与荣启期"模印砖画

　　　　　　　　　　　　　　　欧阳摩一　64

盛唐之音：三彩载乐伎骆驼俑　　　刘　芃　71

青铜之冠：秦始皇帝陵青铜马车

　　　　　　　　　　　党士学　周婧峰　77

瓷母：各种釉彩大瓶　　　　　　　吕成龙　85

礼制之冠：九旒冕　　　　　　　　卫松涛　91

御笔丹青：宋徽宗《瑞鹤图》　　　董宝厚　96

山水新境：展子虔《游春图》　　　李　湜　101

何缘"中国"：何尊　　　　　　　　王　红　106

稀世胡冠：鹰形金冠饰　　　　　　沈莎莎　111

宝相庄严：隋董钦造阿弥陀佛像　　杨宏毅　116

醉僧逸翰：怀素《苦笋帖》　　　　凌利中　123

尼雅遗珍："五星出东方利中国"织锦护臂

　　　　　　　　　　　　　　　　于志勇　128

二、"国宝华光"海上丝路系列

西亚遗韵：孔雀蓝釉陶瓶　　　　　毛　敏　137

帆影茗韵：越窑青瓷荷叶带托茶盏　莫意达　143

波斯来风：南越王墓银盒　　　　　李　郁　151

北朝造像：蝉冠菩萨像　　　　　　井　娟　159

真若烟雾：褐色罗印花褶裥裙　　　丁清华　167

汉侯金印：广陵王玺　　　　　　　崔小英　173

中西合璧：景教四翼天使墓碑石　　李静蓉　180

海上鼓音：翔鹭纹铜鼓　　　　　　潘　汁　185

海蓝滢澈：弦纹玻璃杯	沈文杰	192
绚丽华美：镶宝石金带饰	蒋　群	199
扶雪浮香：建窑黑釉酱斑碗	丁清华	205
流香千古：镏金铜熏炉	孙　宜	212
丝路流韵：镏金摩羯纹多曲银碗	宋　叶	218
瓷国琨瑜：德化窑妈祖坐像	樊俊娇	223
重彩华章：广彩人物纹潘趣碗	黄　静	228
渡海佛香：铜镏金狮子熏炉	吕锦燕	234
黑石遗珍：长沙窑彩绘青瓷碗	王轶凌	242
南越舟影：船纹铜提筒	王维一	248
圣塔佛光：七宝阿育王塔	张　瑶	255
漆彩流光：剔犀三层漆盒	翁　英	262
盛唐迷镜：海兽葡萄纹铜镜	毛　敏	268
丝路过从：昆仑女人头像铜杖首	钟　莹	274

一

"国宝华光"国之重器系列

博大精深的中华文明，宛如汇纳百川的大海奔流不息，一件件古代文明瑰宝闪烁其间。《人民日报》的《收藏》副刊自2009年创刊以来，一直着眼于人类文明史的展示，以及国内外相关事务动向的评说。2013年，《收藏》副刊推出栏目"国宝华光"，以图文并茂的方式逐一评介国宝级文物重器，展示国宝之美和重器之重，让深藏于博物馆中的国宝华光，熠熠闪亮，照耀我们的生活、我们的未来。

青铜之王：后母戊鼎

中国国家博物馆收藏着一件被誉为"青铜之王"的商代铜鼎——后母戊鼎（图一），它通体高133厘米、长110厘米、宽78厘米、壁厚6厘米，重达832.84千克，是目前已经发现的中国古代最重的单体青铜礼器，因鼎腹内壁上的铭文（图二）而得名。

鼎是中华文明的见证，也是中国青铜文化的代表。青铜鼎器制沉雄、厚实，纹饰庄严、神秘，是中国青铜艺术成熟期最具审美价值的艺术品。在古代中国，青铜是一种珍贵的金属。鼎本是烹饪之器。传说大禹曾收九牧之金，铸九鼎，商汤灭夏，鼎迁于商，周克商后，又将九鼎迁至洛邑（今河南洛阳），鼎成了国家政权的象

图一　后母戊鼎

征。《左传》记载，楚庄王向周王的使者问鼎之大小轻重，因此有了"问鼎中原"的典故。"鼎"字被赋予了"显赫""尊贵""权势""盛大"等引申意义。在实际生活中，青铜鼎是古代贵族用来祭祀祖先、缅怀先祖功德的礼器，也用于宴飨等礼制活动。

"后母戊鼎"或称"司母戊鼎"。因商代文字正写、反写无别，故铭文第一个字有两种读法。铭文中的"母戊"是商王武丁的后妃妇妌的庙号，"后"代表她生前的地位。后母戊鼎是商王武丁的儿子祖庚或祖甲为祭祀其母亲妇妌而制的。

据专家考证，后母戊鼎是用陶范法铸造而成的。铸造如此巨大的青铜器，在当时需要使用二十余块外范，需要二三百名工匠的密切配合才能完成。而且，除双耳以外，鼎身和鼎足是一次浇铸成型的，为避免厚度不同的器足与器壁因膨胀系数不同冷却后造成扭断，四足被铸成了空心，可见当时青铜铸造业的宏大规模和铸造技术的高超。

后母戊鼎的外壁装饰着饕餮纹、夔纹和蝉纹，中心

图二 后母戊鼎内壁上的铭文

图三 鼎耳纹饰

平素光滑，浑厚、庄重、神秘、威严。大鼎四面的交接处，装饰着扉棱。鼎耳的耳背上有鱼的纹饰（图三），双耳外侧可以看到双虎噬人头的图案。四只鼎足的纹饰也匠心独具，在弦纹之上饰有兽面纹。青铜器在铸造成型之初是金黄色的。可以想象，身形巨大的后母戊鼎3000年前出现在中原大地上时，是何等的金碧辉煌、威震四方。

后母戊鼎的出土，还有一段鲜为人知的故事。早在1939年，大鼎就已经在河南省安阳县武官村商王墓葬区"西北冈"出土。正值抗日战争时期，当地百姓为了保护大鼎，将它重新深埋地下，直到1946年大鼎才重见天日，此后被运到南京，由当时的中央博物院筹备处接收。1948年国民政府将文物迁台时，该鼎因过重留在了南京，后存于南京博物院，1959年入藏中国历史博物馆（中国国家博物馆前身），成为镇馆之宝。

（本文刊于《人民日报》2013年2月3日12版，本文及配图均由中国国家博物馆提供）

东晋风流：王珣《伯远帖》

华 宁

王珣《伯远帖》（图一）同王羲之《快雪时晴帖》、王献之《中秋帖》被乾隆皇帝定为清内府藏历代法书中的"三希"。但"三希"中，《快雪时晴帖》是唐摹，《中秋帖》为米临，只有《伯远帖》是真迹，而且也是东晋唯一的名家法书真迹。所以，其艺术的、文物的价值，绝非其他法帖能同日而语。启功先生当年"尝于日光之下映而观之"，验证其为真迹而非摹本，遂作诗一首：

图一 《伯远帖》

"王帖惟余伯远真，非摹是写最精神。临窗映日分明见，转折毫芒墨若新。"

王珣（350—401），字元琳，小字法护，琅玡临沂（今山东临沂）人，出身名门望族，是王导孙，王洽子，王羲之族侄。王珣受封东亭侯，转大司马参军，累官辅国将军、吴国内史、尚书令、散骑常侍等，卒谥"献穆"。他富于才学，雅好典籍，以词翰著称，深受晋孝武帝司马曜重用。尝梦人以如椽大笔相赠，醒后自忖"此当有大手笔事"，不久，皇帝崩逝，哀册谥议皆为王珣草拟，后世所谓"大手笔"者即由此而来。时人桓玄曾赞王珣"神情朗悟，经史明彻，风流之美，公私所寄"。

王珣于书法更可谓家范世学。东晋崇尚书法的风气异常浓郁，王氏一门更是书家辈出。王氏书家中，羲、献是创新，元琳为守法。以《伯远帖》同羲之早年的《姨

图二 《伯远帖》分段

母帖》相较,便可知其与钟繇、张芝的一脉相承。

《伯远帖》是一封问候友人的书信:"珣顿首顿首。伯远胜业情期,群从之宝。自以羸患,志在优游;始获此出,意不克申,分别如昨,永为畴古。远隔岭峤,不相瞻临。"(图二)短短五行四十七个字,表达了对友人病况的担忧和与友人天各一方的怅惘。此帖结体疏朗,笔顺天成,寓雄强于率意之中,瘦劲古秀,董其昌称其为"洒洒古淡",与羲之、献之新体区别明显。其用笔的使转顿挫精微之处,是摹本和刻帖难以做到的。

乾隆十一年(1746年),《伯远帖》入藏内府,乾隆皇帝在帖上题识,表达欣喜之情:"唐人真迹已不可多得,况晋人耶!内府所藏右军《快雪帖》,大令《中秋帖》，皆希世之珍。今又得王珣此幅茧纸，家风信堪并美！几余清赏，亦临池一助也。"遂与王羲之《快雪时晴帖》、王献之《中秋帖》并称"三希"，贮藏于养心殿西暖阁中，称之谓"三希堂"。乾隆十二年（1747年），又敕命梁诗正、蒋溥等人精选内府所藏魏晋至明代书法，包括"三希"在内，摹勒上石，名为《三希堂法帖》，并于北海建阅古楼，将刻石嵌于楼内墙上，拓本流传以示临池之模范。

文物聚散，从来同国运兴衰紧密相连，随着末代皇帝溥仪出宫，《伯远帖》与《中秋帖》被"敬懿皇贵妃"即同治皇帝遗妃携出，后辗转卖给了郭葆昌。1949年，其子郭昭俊将二帖抵押给香港一教会，后无力赎回。1951年10月，时任文物局副局长的王冶秋得知此消息，嘱故宫博物院院长马衡立即致函中央人民政府。此年冬，中华人民共和国在百废待兴之际，以重金将二帖收回，珍稀国宝，重归故宫。

（本文刊于《人民日报》2013年2月17日12版，文中配图由故宫博物院提供）

魏晋风度：唐孙位《高逸图》

单国霖

　　传世唐代绘画作品寥若晨星，上海博物馆收藏有一幅《高逸图》卷（图一），图前引首有宋徽宗赵佶瘦金体题签"孙位高逸图"，画幅及前后装裱绢素上并钤有徽宗时"双龙""御书""政和""宣和""睿思东阁"等内府收藏印。此图绢色赭黄，古色古香，图绘四位士大夫分坐在四块华美的地毯上，每人身旁各有一小童侍候，其后布置湖石和槐、柏、丛竹、芭蕉等，环境幽雅，故而宋徽宗认为是描绘古代高人逸士的"高逸图"，然而并没有确指具体的人物姓名和故事情节。

　　1960年，南京西善桥南朝刘宋大墓中出土了一铺"竹林七贤与荣启期图"砖印壁画，图中八位人物分左右两

图一 《高逸图》

边对向列坐，有些人物的坐姿和手持器物与《高逸图》中的形象十分相近。据考证，《高逸图》描绘的正是西晋时"竹林七贤"的故事，图中人物自右至左为山涛、王戎、刘伶、阮籍，已缺佚嵇康、向秀和阮咸三人，应为《竹林七贤图》残卷。

曹魏末西晋初，曹氏和司马氏争夺政权的斗争异常激烈，社会处于动荡时期，文士们不仅无法施展才华，而且时时担忧性命安危，因此崇尚老庄哲学，蔑视礼法，清静无为，用清谈玄学、饮酒弹琴、佯狂放浪等行为来排遣苦闷，成为当时的风气，"竹林七贤"就是其中的代表人物。《高逸图》以高超的画艺表现了他们的气质和风度。

图右第一人为山涛，体态丰腴，袒身披襟，抱膝踞坐，神情沉稳。他在司马炎称帝时，入朝做官，官至吏部尚书，然而他贞慎俭约，禄赐俸秩散济亲邻，又殚精竭虑为朝廷选拔人才，后人称他"雅量恢达，度量宏远"，形容他"如璞玉浑金"，内含清贞的气量。

第二人王戎，踝足跌坐，右手执如意。王戎长于清谈，喜欢拿铁如意作舞，此时正凝神静观，若有所思。王戎在西晋时官至尚书令高位，同时他热衷于经商，那沉思的表情似乎在算计如何理财吧。

第三人刘伶，容貌丑陋，满颐髭须，以饮酒出名。他主张无为而治，被朝廷视为无能而罢官。于是他纵酒放诞，常乘鹿车，携一酒壶，使人拿着锄头随后，意指醉死便就地埋葬。他曾写过一篇《酒德颂》，谓喝酒"无思无虑，其乐陶陶"。图中的刘伶双手捧杯，并回头作欲吐之状，侍者捧唾壶，跪地相接，活脱脱画出他一副嗜酒如命的样子。

　　第四人阮籍，其诗才与嵇康齐名，他博览群籍，尤好老庄，嗜酒能啸，喜弹琴，作《咏怀诗》八十二首，为世所重。他容貌瑰杰，风度洒脱，此时正手执麈尾，面露微笑，神情悠然。麈是一种比鹿稍大的动物，是带领鹿群的领头者，故而麈尾不仅有拂尘清暑的作用，而且含有"领袖群伦"的意义。这一细节的刻画突出了阮籍在"竹林七贤"中的领袖地位。

　　此图的作者孙位，一名遇，会稽人。唐末广明初年（880年），他随僖宗李儇避乱四川。他画艺精诣，入蜀后俨然为蜀中画坛首领。他善画人物、龙水、松石、墨竹，兼长天王鬼神。此图为孙位传世唯一画迹，其人物画法继承东晋顾恺之的传统，人物躯干伟岸，神态各异，尤重眼神的刻画。顾恺之"传神阿堵"之妙，于此可证。面部、手足的勾线细劲柔和，如顾恺之紧劲连绵的高古游丝描，衣褶的线条圆劲流畅，又有转折刚健的笔致，吸收了南朝梁张僧繇"骨气奇伟"的笔法，形成刚柔相济、调畅自如的个性风格。该作设色浓丽雅洁，尤其运用色调的浓淡变化表现薄纱透体的质感十分出色。画家以娴熟的技巧传写出人物的不同形貌特征，细腻地刻画出各自的精神气质，传达出"竹林七贤"所反映的魏晋文士旷达、洒脱、放浪、傲慢的风度。缀景湖石、杂树、芭蕉等，皴染已趋完密，实开五代画法之先河。

"竹林七贤"是魏晋之际玄学文化的代表人物，他们的诗文既有崇尚老庄、清逸脱俗的思想，同时也有愤世嫉俗、直抒胸臆的情感。"竹林七贤"的题材自东晋南北朝直至唐代以来，屡屡被一些名画家所表现，正是对正始时期玄学文化的一种历史再现。唐孙位《高逸图》是记载这一历史文化遗迹的形象图画，同时在绘画技艺上的承继和发展，也让它成为一件在绘画史上具有典范意义的作品。

（本文刊于《人民日报》2013年3月24日12版，文中配图由上海博物馆提供）

大唐欢歌：镏金舞马衔杯纹皮囊式银壶

韩建武

1970年，陕西省西安市南郊何家村出土了一件窖藏的唐代银壶（图一）。银壶为盛酒器。此银壶造型采用我国北方游牧民族常用的皮囊壶的形状，壶身为扁圆形，上方一端开有竖筒状的小壶口，上置覆莲瓣式壶盖，盖顶铆有一银环，环内套接一条长14厘米的银链与弓状提梁相连。

这是一件唐代银器中的珍品，造型、纹样是目前发掘出土的唯一一件。壶腹两面以模压的方法分别锤击出两匹奋首鼓尾、衔杯匐拜的舞马形象，骨骼明确、肌肉匀停，简略而清楚，鬃、尾和颈部飘逸的丝带用錾刻技

图一 鎏金舞马衔杯纹皮囊式银壶

术进行细部加工，线条清晰流畅。浮雕式的马，富有立体感、动态感。银壶通体经抛光处理，银光锃亮，舞马及壶盖、提梁等均镏金，金银辉映，富丽堂皇，是唐代锤揲、錾刻、镏金工艺的代表作。

此壶最耐人寻味的是壶身上的"舞马衔杯"形象。宋《负暄杂录》记载："唐宴吐蕃蹀马之戏，皆五色彩丝，金具装于鞍上，加麟首凤翅，乐作，马皆随音蹀足宛转中节，胡人大骇。"根据以上记载，这些舞马可以随着音乐节拍舞蹈，所以吐蕃人惊讶不已。更有名的是玄宗时期的舞马。当时宫廷中驯养了好几百匹舞马，玄宗经常亲临训练场观看或亲自训练。这些舞马被分成左右两部，每逢八月五日玄宗生日（即"千秋节"），便在兴庆宫的勤政、花萼两楼下举行盛大的庆祝活动并以舞马助兴。这时，舞马披金戴银，在《倾杯乐》的节拍中跃然起舞，奋首鼓尾，纵横应节，舞姿翩翩。高潮时，舞马则跃上三层高的板床上旋转如飞。有时，还让壮士把床举起，让马在床上表演各种惊险奇妙的舞姿。曲终时，舞马口衔酒杯，跪拜在地，向皇帝祝寿，"屈膝衔杯赴节，倾心献寿无疆"。唐代农学家陆龟蒙则在诗中描写了舞马的另一面："曲终似邀君王宠，回望红楼不敢啼。"银壶上"舞马衔杯"的形象，表现的正是曲终衔杯祝寿的生动情景，与当时的诗文奇妙呼应，带给人们对唐代宫廷盛会热烈场面的遐想。

天宝十四载（755年），"安史之乱"爆发，安禄山、史思明于第二年攻陷长安，玄宗仓皇出逃，宫廷舞马也散落民间。由于安禄山曾多次入朝见过舞马祝寿的盛况，因此，入京后掳掠了数十匹舞马带回范阳。安禄山败亡后，舞马转归投降唐军的大将田承嗣所有，但把它们当作一般的战马饲养。一天，军中宴乐，随着阵阵鼓乐声起，这些舞马也习惯性地应节跳跃起舞，田承嗣以为是马怪，竟命军士将其鞭挞而死。大唐王朝因遭遇战乱重创，走上了风雨飘摇的衰落之路。从此，舞马祝寿这一独特的宫廷娱乐形式也从中国历史舞台上销声匿迹了。

舞马的盛衰，伴随着唐王朝的盛衰，从某种意义上讲，它也是唐代社会发展的一个缩影。皮囊式壶是契丹文化的典型器物。契丹是我国北方的少数民族之一，有唐一代，与唐王朝保持着密切的关系。契丹人从汉族那里学到了许多先进的生产技术，契丹文化也被中原吸收、融合。这件镏金舞马衔杯纹皮囊式银壶的出土，展示了农耕文化与游牧文化的融合，正是汉族和契丹等各民族文化交流的明证。

（本文刊于《人民日报》2013年4月14日12版，文中配图由陕西历史博物馆提供）

千窑一宝：元青花釉里红贴花开光花卉纹盖罐

申献友

青花瓷出现于唐代，釉里红则是元代的新品种。以氧化钴和氧化铜在白色瓷坯上绘彩，施高温釉后在窑炉中以约1200℃的还原焰烧造而成，表面呈现蓝、白、红相间的花纹的瓷器，就是青花釉里红瓷器。这一新的釉下彩品种的出现，是元代瓷器生产技术进步的重要标志。

1964年，在河北保定永华南路元代窖藏中，出土了一对"青花釉里红贴花开光花卉纹盖罐"（图一）。盖罐直口，短颈，溜肩，上腹较鼓，下腹渐收至底，宽圈足，底足露胎，伴有黏砂、铁质斑点和釉斑，胎釉结合处有火石红。该罐通体施白釉，釉色白中泛青，釉层凝厚，

图一　元青花釉里红贴花开光花卉纹盖罐

釉面光润透亮，虽然胎质坚硬，但不够细腻，胎色不甚洁白。

这件盖罐具有元青花瓷器纹样多层装饰带布局设计的典型特征。它通体所绘青花纹饰，纹饰内容丰富，层次分明，主题突出，颈部绘青花缠枝菊花纹，肩部饰卷草纹和大朵如意云纹，云头内采用蓝地白花装饰技法绘水波莲花，如意云头之间点缀折枝花卉纹。腹部主题纹饰为四组菱花形开光（图二），开光以双重串珠堆贴而

图二 菱花形开光

成，开光内模贴四季花卉和山石，枝叶用青花渲染，花朵和山石用釉里红涂绘，花卉间杂有浓淡不一的绿色斑点，红、蓝、绿交相辉映，具有极强的装饰效果。下腹饰卷草纹和变形莲瓣纹。罐附覆盆形盖，盖顶置蹲狮钮（图三），盖面绘青花莲瓣纹、卷草纹和回纹（图四）。青花呈色浓艳，聚釉处有黑褐色斑点，系用进口的苏麻离青钴料绘彩烧制所致。

青花釉里红瓷器是景德镇窑在元代创烧的新品种，

图三　蹲狮钮

图四　盖面

青花和釉里红对窑炉的烧制温度和气氛要求不完全一致。釉里红的烧制要求很高，呈色剂氧化铜对烧制温度非常敏感，温度低了颜色发黑，温度高了就会晕散甚至挥发，失去颜色，而且需要在较强的氧化气氛中烧成，如果窑炉气氛控制不好，氧化铜就会烧成绿色。所以，此罐将青花和釉里红集于一器烧制而成，且使青花和釉里红的发色都达到如此完美，实属不易。目前所知，青花釉里红贴花开光花卉纹盖罐同类器物全世界仅存三件，弥足珍贵。

关于元青花的存世数量，一直是陶瓷学术界和收藏界争论不休的话题。根据考古发掘资料、海内外博物馆收藏情况等来看，存世数量不多。元青花的对外贸易性质，元代宫廷皇室和上层贵族使用器皿以金、银器和白瓷为主，以及元青花瓷器烧制时间短暂等都是其存世量少的直接原因。

相对于青花而言，元代青花釉里红的制作更少，存世就更为罕见。特别是这件盖罐还采用模印贴花的复杂工艺，造型厚重典雅，气势宏大；装饰技法多样，纹样繁缛精美，色彩蓝艳含蓄，彩装饰和胎装饰技法得到完美的结合，青花和釉里红集于一器，白地蓝花与蓝地白花相映成趣；罐腹部开光纹饰采用贴花技法，使器物的平面装饰又增添了几分镂雕艺术的立体效果，这种集多种装饰手法于一器的工艺特征，在珍贵的元代青花瓷中也极为少见，当为国之瑰宝。

（本文刊于《人民日报》2013年4月28日12版，文中配图由河北省文物保护中心提供）

楚文化精神的象征：战国《人物龙凤图》帛画

刘 刚

1949年2月，湖南长沙陈家大山一座楚墓中，盗墓者挖出了一幅帛画。随后，这幅帛画被湖南古董商蔡季襄收藏。中华人民共和国成立后，蔡季襄将全部文物捐献给国家，其中最负盛名的当属这幅帛画。

这幅战国时期的帛画《人物龙凤图》（图一），以线描设色方法绘制。图中描绘了一位侧身而立的女性，头后挽有一垂髻，并系有饰物。她面向画左，眉目清晰，平视前方，身着宽袖长袍，袍上绣有卷云纹，长裙曳地，束腰，腰细而修长。双手上抬至胸前的她，五指合掌，似做祈祷状，神态虔敬。

楚文化精神的象征：战国《人物龙凤图》帛画

图一 《人物龙凤图》（绢本，纵 31 厘米，横 22.5 厘米）

在人物的上前方，绘有一龙一凤。凤体大几如人形，张喙引颈，双足其一向前伸出、其一向后抬起，似做奔跑状。龙形则呈 S 状弯曲向上，似做升腾状。龙凤形态夭矫，富有极强的动感，似乎正向天空飞升，画面呈现风发昂扬的勃勃生机。

关于画中所绘龙的形象，过去有过一些不同的看法。帛画初发现时，由于左侧龙足处破损，尚未能完全清理画面污垢和进行科学处理前，画面上的细部和线条模糊，颜色过黑，只见右侧之足，一度被认为是夔，该作品也曾定名为《人物夔凤图》。据此，郭沫若先生认为夔是古代传说中恶灵的象征，凤是善灵的象征，因此该画的主题是夔凤搏斗，女子祈求善灵战胜恶灵，生命战胜死亡，和平战胜战争，故而将这幅画的含义释为善恶之争，恭立的妇女正是在祈祷善灵的胜利。一直到 20 世纪 70 年代末，学术界均以郭沫若的解读为准。也就是在这一时期，帛画经过科学清洗修复后，现出了一些新的画面内容。经过仔细辨认，龙的两侧各有一足，尾巴向上呈卷曲状，而且还发现了人像脚下的弯月形物。现在业界普遍认为，这幅画描绘的是墓主人对引导升天的祝祷，龙凤之形寓示着死者随龙凤引导升天，这符合记载中楚人的丧葬习俗。

春秋战国时期，诸侯割据，思想空前活跃，文化艺术也形成了自己的特质。因此，帛画在中国古代艺术史上具有举足轻重的地位。这幅帛画从用笔、用线的技法，人物特征的描绘到整体构图，都反映出我国古代绘画对形、神和丰富内涵的独特表现。作为迄今为止我国发现的最早的帛画之一，它为研究楚文化和古代绘画提供了珍贵资料。

该画作以墨线勾描，线条有力，顿挫起伏富于节奏，黑白组合的艺术表现，使画面具有一定的装饰趣味。在人物的唇口和衣袖上，还可以看出施点过朱色的痕迹。以线为主的造型方式和以写意为主的艺术手法，说明战国时期中国绘画以线为主要造型手段的艺术特征已经明确形成。

在构图上，该画作还省略了一切背景，只着力表现三个形象：凤鸟毛羽飞动，双足腾跃，目光有神；龙身黑白相间，纹彩灿然；女子神态庄重，朱唇淡颜，与动态的龙凤形成了对比。其中，凤作为楚文化的标识，占据了比龙更为广阔的空间。凤，所表现出来的叱咤风云的浩气和奕奕神采，正是楚文化精神的绝妙象征。

（本文刊于《人民日报》2013年5月5日12版，文中配图由湖南省博物馆提供）

古老的冰箱：曾侯乙铜鉴缶

万全文

1978年发掘的湖北随州曾侯乙墓出土了两套形制、纹饰相同的大型冰酒器具——铜鉴缶，又称"冰鉴"，分别重168.8千克、170千克，现分藏于湖北省博物馆（图一）和中国国家博物馆。这是迄今所见到的先秦时期形制最大、保存最完整、铸造最精美的冰酒用具，被誉为中国迄今为止最古老的"冰箱"。

鉴缶由方鉴和方缶两部分组成，方缶置于方鉴正中，组合为一个整体。出土时两套鉴缶并列，上置一勺。鉴、缶器壁上均有"曾侯乙作持用终"铭文。

鉴缶的制作可谓匠心独具。它的外面是一个大方鉴，鉴直口，方唇，短颈，深腹，四个兽足承托鉴底，里面

图一　铜鉴缶及过滤器

中间放着一个方缶（即盛酒器）（图二）。方缶小口，方唇，斜肩，鼓腹，平底。鉴内底上有呈"品"字形分布的三个凸形的弯钩，其中一个弯钩还装有活动插销。当方缶放入鉴内，鉴底的三个弯钩刚好可以套入方缶圈足上的三个榫眼内，这时弯钩上的活动插销就自动掉下，卡住方缶，使之不致移动。

图二　方鉴和方缶

　　冬季储藏冰块供夏季使用的风习，在我国由来已久。当时藏冰的冰室称为"凌阴"，相当于后来的冰窖，建筑构造已经比较科学，可以把冰保存到夏天；夏日专门存冰的器具则叫"冰鉴"，用铜制成，存放食品可以保鲜，作用如同今日之冰箱。《诗经·豳风·七月》中有"二之日凿冰冲冲，三之日纳于凌阴。四之日其蚤，献羔祭韭"的诗句。西周时期，王室有专门掌理藏冰和供冰事务的官员——凌人。《周礼》记载："凌人掌冰正，岁十有二月，令斩冰，三其凌。春始治鉴。凡外内饔之膳羞，鉴焉。凡酒浆之酒醴，亦如之。祭祀，共冰鉴。宾客，共冰。"凌人在冬天把冰块储藏到地窖里，到第二年可取出来，在进行祭祀和宴请宾客时使用冰鉴供酒。

东周时期，在诸侯的宴席上则出现了冰镇米酒。《楚辞·招魂》云："挫糟冻饮，酎清凉些。"王逸注曰："言盛夏则为覆蹙干酿，捉去其糟，但取清醇，居之冰上，然后饮之。酒寒凉，又长味，好饮也。"据《酒经》记载，上古造酒用桑叶包饭的发酵方法制作，可见当时的酒相当于米酒之类。米酒在高温下最易发酸变质，古人便制作出鉴缶，利用方鉴与方缶之间的空间放置冰块，使酒变得清凉可口且不易变质。

2008年北京奥运会开幕式上，由2008人所组成的"缶阵"气势恢宏。用来做道具的乐器——缶阵之缶，其形制和器名，就是巧妙地借用了曾侯乙墓所出土的青铜容器"鉴缶"。

"鉴缶"不仅是先秦时期贵族们夏季饮酒的豪华器具，也是一种精美的青铜工艺品。其外表装饰华美，器

古老的冰箱：曾侯乙铜鉴缶

图三　器耳

表通体雕铸精细繁缛的蟠螭纹。它的四角和每一面的正中部都装饰一条曲拱的龙形动物作器耳（图三）。口沿上有长方形和曲尺形的镂空纹饰。器盖是镂雕蟠螭纹，甚至四足也铸成了动物的形状。整个鉴缶集浑铸、分铸、焊接制作工艺于一体，说明在战国时期青铜铸造已达炉火纯青的地步，因而无论从艺术角度还是从实用角度来讲，都是十分难得的稀世珍品。

（本文刊于《人民日报》2013年5月19日12版，文中配图由湖北省博物馆提供）

红山文化：玉猪龙

徐戎戎

龙是中华民族自古以来一直崇尚的神异动物，象征着中华文明的肇端。但是，关于龙的形象来源也一直是中国文化史上最大谜团之一。在辽宁省博物馆的"辽河文明"展中，便陈列着一件与龙的起源相关的红山玉器——玉猪龙（图一）。

红山文化是距今五六千年间，活动于燕山以北，西辽河、大凌河流域和渤海湾北岸的一支部族集团所创造的古文化。它的遗存最早发现于1921年。因遗址最早在内蒙古赤峰红山后被发现，1954年命名为红山文化。红山玉器是红山文化最为突出的标志和重要组成部分，代表着新石器时代晚期中国北方地区高超的制玉水平。

图一　玉猪龙

据统计，出土的红山玉器中，常见的有玉猪龙、玉箍形器（或称马蹄形器）、勾云形玉佩、玉璧、玉玦、玉镯、玉丫形器、玉匕形器、玉人，以及玉枭、玉龟、玉蝉、玉凤等各种动物形玉器。其中，玉猪龙又是红山玉器中最具代表性的玉器,是目前所知年代最早的龙形器物之一。

玉猪龙的造型为猪首龙身，主要有玦形玉猪龙和C形玉猪龙两种。辽宁省博物馆藏玉猪龙即为玦形玉猪龙，为目前已知红山文化玦形玉猪龙中形体最大、形制最为规整的一件。这件玉猪龙，出土于辽宁省建平县牛河梁遗址，通体呈鸡骨白色，局部有黄色土沁。龙体蜷曲如玉玦形，首尾相连，器体厚重，造型粗犷。猪首形象刻画十分逼真，肥首大耳，大眼阔嘴，吻部前突，口微张，露出獠牙，面部以阴刻线表现眼圈、皱纹，充分反映出5000年前先民精湛的雕工技艺及独特的审美意识。

在红山文化分布区内，玉猪龙被普遍发现，且完全是标准规范模式，玉质好、做工精。截至目前，已发现有大大小小二十多件。通常背部都有一两个穿孔，似可作为饰物系绳佩挂。考古发掘告诉我们，玉猪龙多出土发现于墓主人胸前,象征着墓主人的某种权力,应是一种通天神器,在先民祈天求雨、农业丰产、人丁兴旺的祭祀活动中,玉猪龙可能被作为一种通灵的神物,执行着沟通天地、沟通人与神之间关系的职能,是持有者身份和地位的象征。

那么,为什么这种抽象化的"神灵"是猪首龙身的造型呢?它又说明了什么?研究表明,红山文化的社会形态处于母系氏族社会的全盛时期,经济形态以农业为主,兼以牧、渔、猎并存。在这一时期,猪与人们的日常生产和生活关系非常密切,它既代表着财富,又象征勇猛,也可能是最早驯化成功的家畜。在现已发掘的东山嘴红山文化遗址和牛河梁遗址中,都曾发现大量的猪骨遗骸,说明红山人除把猪作为一种食物外,还常把它视为一种"通天神兽"。或许正是所谓"在地为猪,上天成龙"的传说,使先民创造出了这种猪首龙身的形象。

其实,远在新石器时代,辽河流域就已经有了自己的龙形象。早在8000年前的查海—兴隆洼文化遗址当中,就曾出土过与玉猪龙形体相似的玉玦,玉玦呈环状,一侧有一道窄缺口,看似龙的躯体,据专家考证应是龙的雏形。而红山玉猪龙或是同一文化共同体的徽铭标志,有可能是红山文化时期先民们的族徽。这种抽象化神灵的出现是原始农业发达的标志,也是宗教生活的需要。当中国古代文明开始向蒙昧时代告别时,龙的形象便应运而生。

(本文刊于《人民日报》2013年6月9日12版,文中配图由辽宁省博物馆提供)

青州样式：贴金彩绘石雕观音菩萨立像

王瑞霞

山东省青州市博物馆珍藏着一尊单体圆雕菩萨石立像（图一）。这尊造像1996年10月出土于山东青州龙兴寺遗址佛教造像窖藏，是这座被评为"1996年全国十大考古新发现"、"中国20世纪百项重大考古发现"之一的窖藏中众多出土造像的代表作。

如今的山东省青州市与北齐时青州的地域范围相同，在两晋南北朝至隋唐时期，曾一度是我国东部地区的佛教传播中心之一，寺院林立。20世纪80年代末至今，青州及周边地区发现了近千件石佛造像和百余件金铜佛造像，自北魏至北宋，时间跨度达几百年，其中，尤以北魏晚期至北齐时期的文物出土较多，造像精美并富有

青州样式：贴金彩绘石雕观音菩萨立像

图一　菩萨石立像

地方特色。

这尊单体圆雕菩萨,椭圆形脸,五官清秀,轮廓分明,长目低垂,表情沉静。菩萨头戴透雕宝冠,冠中间饰一双手握珠串的化佛,额前贴有六个圆形发卷,脑后长发分为两束,沿双肩自然垂至上臂。菩萨肩披圆形和条形图案的帔帛,胸佩连珠、兽头衔花蕾等组成的项饰,身前背后装饰华丽的璎珞,腰系贴体长裙,裙前的坤带上雕有精致的化佛、兽头、摩尼珠、宝相花等图案(图二)。雕像服饰上还保留着红、绿等色的彩绘,局部显现有贴金。菩萨体态婀娜,跣足立于圆形莲台之上。从菩萨冠上雕饰化佛判断,这应是一尊观音菩萨造像。更引人注意的是,在其背面的裙带上墨书有"九月廿五日□"字样,有待进一步考证。

青州地区的佛教造像被业界称为"青州样式",是北朝晚期佛教造像的突出代表。虽然北齐仅存在了二十七年,在佛教艺术史上却意义重大。由于北齐统治阶级恢复鲜卑人的习俗,同时青州素受南朝文化影响,印度笈多造像艺术与南朝张僧繇"面短而艳"的艺术风

青州样式：贴金彩绘石雕观音菩萨立像

图二 菩萨像裙部的雕刻

格的传入，让青州地区的造像艺术一改前朝"秀骨清像"的审美，形成了"面型渐趋丰颐，衣纹渐趋简洁"的薄衣佛像新风格，其中尤以龙兴寺造像最具地方特色而广受关注。

从造型形制上，北齐时期龙兴寺造像中单体圆雕造像的数量增多，而背屏式造像趋于减少。菩萨像所受仪轨约束较少，往往雕刻精美，有较强的世俗生活气息。这尊菩萨像便是龙兴寺菩萨造像中最精致的一尊，仅在冠饰、耳部和右手处有少许残缺，体现出北齐造像中"青州样式"的造型特点和神采韵味。雕刻精致金彩同辉的菩萨像，全身比例恰到好处，造型端庄秀美，轮廓线简洁流畅，衣饰繁而不缛。菩萨宁静高贵，左手轻提帔帛和璎珞的动作增加了一丝动感，自然舒展，富有活力，表现出古代工匠高超的艺术造诣。

这尊本应在寺院里受人顶礼膜拜的贴金彩绘菩萨像为何被埋入地下？从发掘出土的最晚的造像和货币判断，这批造像被埋藏于北宋末南宋初年，这期间青州发生过重大战事，而且北宋时期，流行将残损的佛像等同为舍利集中埋葬的护法方式，就此，这些精美的艺术品带着人们的信仰被尘封了，几百年后，随着窖藏的出土，方得以重新面世。

（本文刊于《人民日报》2013年6月23日12版，文中配图由青州市博物馆提供）

胡风汉韵：黄釉扁壶

古花开

1971年3月，河南省安阳县洪河屯村群众在进行农田基本建设时，发现北齐"骠骑大将军开府仪同三司凉州刺史"范粹纪年墓葬，墓中出土有四件黄釉扁壶。本文介绍的黄釉扁壶（图一）即为其中之一。

壶体扁圆、上窄下宽的黄釉扁壶，形如皮囊，敞口，短颈，扁圆腹，平底实足。其肩部对称位置各置一圆形鼻钮，方便穿绳携带。扁壶通体施黄釉，施釉均匀，颈部与肩部连接部分饰联珠纹一周，壶腹两面均模印五人一组的胡腾舞乐舞图案（图二）。在图案中央，一舞者婆娑起舞于盛开的莲花台座之上，右臂高举前伸，左臂下伸，掌心向后，双足腾跳，反首回顾，动态盎然。舞

胡风汉韵：黄釉扁壶

图一 黄釉扁壶

图二　黄釉扁壶考古线图

者左侧两人，一人做击拍状，一人做吹奏状。舞者右侧两人，一人双手击钹，一人手执五弦琵琶做弹奏状。五人皆高鼻深目，头戴蕃帽，身着窄袖长衫，腰间系带，足蹬半筒高靴，是典型的西域人形象。

胡腾舞是一种北朝至唐代流行于西域,即今天塔什干一带的民间舞蹈。此舞大多以男性胡人为主,其特点是以腿脚功夫见长,提膝腾跳,刚毅奔放,又潇洒诙谐、雄健矫捷,因其舞姿多以腾身跳跃为其舞态基调,故名"胡腾"。舞者的装扮大都为头戴尖顶蕃帽,身穿窄袖胡衫,足蹬软底锦靴,跳起来急如飞鸟,腰间的宝带会发出鸣叫声。唐诗中有不少记载胡腾舞的诗句,对胡腾舞表演者的装束、舞姿和音乐都做了非常生动的描写。

北朝时期,中原地区统治者对外商采取欢迎和鼓励的政策,西域诸国的商人在中原活动相当频繁,西域乐舞随着丝绸之路东传。达摩支舞等西域舞蹈及琵琶、箜篌、筚篥等西域乐器也随之传入中原,影响着中原地区固有的文化观念及审美情趣,并对中原文化产生了深刻的影响。因此,北周宫廷大乐几乎都来自西域。北齐文襄帝高澄、文宣帝高洋对西域胡戎乐多有所好,武成帝高湛对胡琵琶、胡舞情有独钟。后主高纬不仅对西域胡戎乐痴迷,而且能自度新曲。《隋书·音乐志》记载:"后主唯赏胡戎乐,耽爱无已……后主亦自能度曲,亲执乐器,悦玩无倦,倚弦而歌。别采新声,为《无愁曲》,音韵窈窕,极于哀思,使胡儿阉官之辈,齐唱和之,曲终乐阕,莫不殒涕。"一批才艺杰出的西域乐人也受到了统治者极高的奖赏。比如当时盛极一时的胡人乐工曹僧奴、曹妙达父子"以能弹胡琵琶,甚被宠遇",俱开府封王。

这件黄釉扁壶,其皮囊式造型与胡腾舞的图像,强烈再现了千余年前西域游牧民族的文化特色。这种扁壶在河南洛阳、孟津北朝墓中也有出土,且形制和图案相近,这是对中原与西域音乐文化交流最为直观形象的诠解,说明中原汉民族对于外来文化一直秉承兼收并蓄的文化态度,同时也为研究北朝时期的胡汉民族关系、南北朝时期的陶瓷工艺发展及我国乐舞发展提供了珍贵的实物资料。

(本文刊于《人民日报》2013年7月7日12版,文中配图由河南博物院提供)

滇文化的生命赞歌：牛虎铜案

樊海涛

牛虎铜案（图一）是云南青铜文化的标志性器物，1972年出土于云南省江川县李家山滇族古墓群中，属战国中晚期的第二十四号墓，现收藏于云南省博物馆。

该铜案由一大一小的两头牛与一虎组成，以大牛四腿为器足，"挖空"牛背使之成为盛放物品的下凹盘形。牛尾部攀爬一虎，口咬牛尾，前爪紧扣案缘，躬身，后腿蹬立在牛腿上。大牛足间铸连横档，前后两横档上，一头体量稍小的立牛横出于大牛腹下。因其以牛、虎为造型，且牛背下凹可盛物，当年的发掘报告命名为"牛虎铜案"，沿用至今。

据当年的发掘领队张增祺先生回忆，在发掘李家山

正面　　背面　　侧面

图一　牛虎铜案

时，二十四号墓的牛虎铜案出土后被当地老百姓讹传为该墓挖出了一头牛，甚至还会叫，以至于来看热闹的人摩肩接踵，把附近的庄稼都踩倒了一大片。

牛虎铜案的表现主题，众说纷纭，一种流传最广的说法是母牛护犊，表现了伟大的母爱，但仔细思索，却似是而非。江川是滇国故地，李家山古墓群主要是滇国贵族墓葬群，二十四号墓中埋葬的是滇国身份显赫的人物。"国之大事，在祀与戎"，作为承载滇文化的重要媒介，青铜器的众多主题是围绕着祭祀与战争展开的。牛虎铜案应该是滇国最重要的宗教祭祀礼器之一，如果说它表达的是动物性的"母爱"，这种主题与其用途相距甚远并不具备合理性。

在滇国，虎为百兽之王，是权威的象征；牛是财富和生命的标志。虎噬牛既是现实世界食肉动物与食草动物之间关系的真实反映，也包含了滇人对"死亡"这一生命终极命题的认识与理解。小牛从大牛腹下步出，与其解释为"母牛护犊"，不如说是代表着"新生"，是生命的一种新陈代谢。牛虎铜案既包含了"死亡"，又孕育了"新生",巧妙地通过"牛"这一特殊媒介来表达滇人对财富、生命与风调雨顺、牲畜繁衍、国泰民安的渴求。它是一曲生命的礼赞,穿越2000多年的历史,周而复始,生生不息。

韶光飞逝,而艺术恒久。牛虎铜案以巧妙的构思、生动的造型、独特的主题表达、高超的铸造工艺,在云南乃至于中国、世界古代艺术史上都留下了光辉璀璨的一笔。它不仅是云南青铜文化的杰出代表,在它的身上,还折射出北方草原文化动物搏斗类题材的影响,而以动物为器物主体的构思则可能是接受了楚文化的一些因素。它是滇族"多样统一""写实创新"艺术理念最典型的体现,是滇族青铜艺术美妙的天籁之音里,最高亢、最动人、最震撼的生命乐章。

(本文刊于《人民日报》2013年7月21日12版,文中配图由云南省博物馆提供)

千峰翠色：唐葵口圈足秘色瓷碗

姜　捷

1987年4月，考古工作者在清理陕西省扶风县法门寺地宫文物时，在地宫中室白石灵帐后面的圆形金银棱檀香木箱内发现十三件用丝绸包裹的瓷器，精美异常，不同凡响。地宫同时出土的物账碑记载："……瓷秘色碗七口，内二口银棱。瓷秘色盘子、碟子共六枚……"考古学家经过研究对照，认定这十三件瓷器应属古代文献经常提及的唐代秘色瓷。

"秘色瓷"称谓，时已久矣。"秘"指的应是釉色。最早言及"秘色瓷"的人，是距今1100多年前的唐代诗人陆龟蒙。陆氏在其七言绝句《秘色越器》诗云："九秋风露越窑开，夺得千峰翠色来。好向中宵盛沆瀣，共稽中散斗遗杯。"从诗的命题和诗句中可清楚地知道：晚唐时期已有秘色瓷；秘色瓷烧造窑场是越窑；秘色瓷的青釉色泽，宛如郁郁葱葱的"千峰翠色"。根据法门寺出土的秘色瓷考证，秘色瓷的釉色以青绿色调为主，是越窑青瓷中罕见的一种色调。釉面青碧清亮，晶莹润泽，有如湖面一般清澈。这批秘色瓷器不仅釉色质量极佳，而且造型极富美感，是不可多得的艺术精品。

唐葵口圈足秘色瓷碗（图一）是法门寺地宫出土秘色瓷中的典型代表器物。葵口呈五瓣，侈口，圆唇，深腹，腹壁斜收，圈足微外侈。通体施青釉，外底与足均挂釉。釉色纯正均匀，晶莹凝润，清亮净洁。足底露胎，胎色浅灰，质地细密。底部有支烧痕迹（图二）。器形规整，口、腹、底各部浑然一体，宛若天成。器物出土时以绘有仕女的极薄纸张包裹，然后与其他秘色瓷器垒放于漆盒之内，故外壁现仍残留有包装纸上的仕女图印痕（图三），为珍贵的文化痕迹。

秘色瓷是越窑青瓷中的精品，其名称以前仅见于文献。法门寺十三件能与同时出土的物账碑对号入座的秘

千峰翠色：唐葵口圈足秘色瓷碗

侧面

正面

图一 唐葵口圈足秘色瓷碗

图二　瓷碗底部的支烧痕迹

图三　瓷碗外壁上的仕女图印痕

色瓷的出土，使世人第一次见识到什么是真正的秘色瓷，从而解决了考古、文物界长期悬而未决的一个问题，揭开了唐代"秘色瓷之谜"，是中国陶瓷史上的重大突破。它不仅证实了古代文献记载的可靠，更重要的是为中国古陶瓷研究提供了一批弥足珍贵的唐代秘色瓷研究资料，也为秘色瓷的鉴别和断代研究提供了可靠的标准器，是弥足珍贵的历史瑰宝。

（本文刊于《人民日报》2013年8月4日12版，文中配图由法门寺博物馆提供）

六朝神品:"竹林七贤与荣启期"模印砖画

欧阳摩一

1960年,南京博物院等单位的考古工作者在南京市西善桥宫山北麓,发掘了一座东晋晚期至南朝刘宋时期的帝王陵墓。其中最有价值的,为墓室南北两壁的大型模印拼嵌砖画(或称画像砖)——"竹林七贤与荣启期"(拓片见图一,模印砖画原貌见图二至图四)。该砖画分两组,各由近三百块砖拼嵌而成。南墓壁描绘嵇康、阮籍、山涛、王戎,北墓壁描绘向秀、刘伶、阮咸、荣启期。

"竹林七贤"为魏晋时期的七位名士,因不满暴政,乃结伴于山阳(今河南修武)作"竹林之游",寄情山水，谈玄弹琴，纵酒啸歌，世称"竹林七贤"。荣启期为春秋时代的高士，传说孔子游于泰山，见其"鹿裘带索，鼓琴而歌"，自得其乐。画面上的八人，神态各异，或弹琴、或长啸、或饮酒、或手舞如意……颇契合文献所述各人个性特点。他们宽衣博带，席地而坐，多赤足，姿态放松，神情高逸，崇尚老庄之意，追求个性之心，溢于画面，反映出当时不羁名教、任性自然的社会风尚和"魏晋风度"。砖画上，各人身旁均有榜题标示姓名，相互间以松槐、垂柳等树木间隔，极富山林野趣，与人物相谐相融。

此砖画改变了汉画像砖剪影式、画幅较小的风格，大力创新，制作过程更为复杂。据推测，先将白描粉本制成模子，再用模子将画面压印在有编号的砖坯上，烧制后按编号顺序嵌砌在墓壁上，组成一幅宏大而完整的画面，把画像砖艺术推向历史的高峰。此作技法娴熟，凸起的线条优美流畅，表现力强，人物比例匀称，秀骨清朗，神情生动，准确而概括地把创作对象的形象特征和内心世界刻画出来，为相当成熟高妙的人物画作品。

国宝华光

— 66 —

六朝神品：“竹林七贤与荣启期”模印砖画

图一 "竹林七贤与荣启期"砖画拓片（六朝，砖，两组，每组描绘四人，每组长2.4米、高0.88米）

图二 "竹林七贤与荣启期"模印砖画原貌（嵇康）

图三 "竹林七贤与荣启期"模印砖画原貌(刘伶)

图四 "竹林七贤与荣启期"模印砖画原貌(阮咸)

画中采用的散点透视法,继承了我国古代绘画的传统;而对称的构图方式,匀称和谐、情调统一。同时,又在阳线塑造人物的基础上,填绘色彩,有机地把绘画、雕刻、设色三者结合起来,很好地表现出我国人物画的早期风貌。除该砖画外,南京、丹阳几座六朝大墓中还发现有"羽人戏龙""羽人戏虎"等模印拼嵌砖画,均收藏于南京博物院。它们同样技艺精湛,体现了六朝画像砖的独特风格和高超的工艺水平。

"竹林七贤与荣启期"砖画在丹阳南齐帝王陵墓中还发现三件,均残缺不全。而南京西善桥发现的这一件,创作时间和发掘时间最早,保存最完好,艺术价值最高,国家文物局明确规定这件国宝级文物禁止出国(境)展览。六朝绘画,除少数唐宋摹本外,原作留存至今的十分稀少,材质也以墓室壁画或漆木画为主。该砖画为迄今发现较早的一幅六朝人物画实物,也是现存最早的"竹林七贤"人物画,填补了六朝绘画稀有传世真迹的空白,在中国绘画史上具有非常重要的地位。

(本文刊于《人民日报》2013年8月18日12版,文中配图由南京博物院提供)

盛唐之音：三彩载乐伎骆驼俑

刘 芃

在陕西历史博物馆的唐代展厅，陈列着一尊造型精美的三彩载乐伎骆驼俑（图一）。骆驼高大健硕，长而健壮的四肢稳稳地站立在长方形的底板上，引颈张口做嘶鸣状，形象传神。驼身为赫黄色，驼背上垫有绿色椭圆形毯，边缘呈蓝色。驼峰上架平台，平台上铺有色彩斑斓的长毯，长毯刻画细致，质感极强。平台上有七名男乐俑，头戴软巾，身穿圆领窄袖长衣，皆盘腿坐于毯上，分别执笙、箫、琵琶、箜篌、笛、拍板、排箫等乐器，做奏乐状。在男乐俑中间，站立一女伎俑，头微微上仰，面庞丰润，梳乌蛮髻，身着白地蓝花的长裙，右手举到胸前，左臂下垂，做歌舞状。乐伎俑眉目刻画清晰，姿

图一 三彩载乐伎骆驼俑（骆驼通高58厘米、长41厘米，俑身高11.5厘米。1959年西安市西郊中堡村唐墓出土，陕西历史博物馆藏）

势各异，神情专注。特别是执拍板俑，侧耳凝神，像是被那美妙音乐所陶醉，给人以栩栩如生的感觉。小小的驼背上聚集承载着八个人，并自然地歌之舞之，唐代的工匠们巧妙地将艺术夸张和实际生活结合在一起，展现出高超的雕塑技艺。

中国的陶瓷艺术发展到唐代，达到了空前的水平，鲜艳夺目的唐三彩便是代表之一。"唐三彩"又名"唐彩色釉陶器"，是在汉代低温铅釉的基础上发展而来的。"唐三彩"的釉色有黄、绿、褐、蓝、黑、白等，其中以黄、绿、褐三种颜色为基本色调。"三"表示多数之意，故俗称"唐三彩"。盛唐时期的三彩器物以精致、华丽著称。虽是随葬器物，但也反映出当时的社会生活。唐代先人的辛勤劳作、日常生活、节庆婚丧等几乎都能从存世的唐三彩中窥见一二。

唐朝盛行乐舞。南北朝时期，西域音乐初传中原，到了唐代，西域各国的乐师舞伎随着丝路商团纷纷乘着"沙漠之舟"来到长安。他们带来了奇珍异宝与异域文化。唐都长安出现了"胡音胡骑与胡妆，五十年来竞纷泊"的繁荣景象，西域乐舞成为唐人的普遍爱好，从而推动了唐朝长安乐舞的繁荣发展。当时最为流行的《霓裳羽衣曲》，作为唐朝大曲中的法曲精品，据说便受到西域乐舞的影响。据文献记载，天宝十三载（754年），精通音律的唐玄宗"诏道调法曲与胡部新声合作"。西域的一批乐器也因胡乐的流行，在长安受到欢迎，得以普及，其中影响较大的有琵琶、箜篌、筚篥等。

有关唐代乐舞题材的文物在中国各地均有出土。但是这种大型的三彩载乐伎骆驼俑题材的表现形式却极为罕见。西安地区迄今为止也只出土了两件。另一件是1957年在西安鲜于庭诲墓出土的三彩载乐舞骆驼俑。该骆驼俑共载有五人，其中三人胡人特征明显。而西安市西郊中堡村出土的这件三彩载乐伎骆驼俑所载之人则已经为唐人形象，而且阵容庞大，乐器齐全，乐舞人数多达八人（图二）。其表现的乐舞场景体现的是浓郁的异域情调，反映了盛唐时期长安乐师对西域乐曲的融合吸收与创新。

这件三彩载乐伎骆驼俑巧妙结合了多种制陶工艺与

图二　三彩载乐伎骆驼俑局部

表达手法,生动再现了盛唐之音。它为研究唐代的对外文化交流、音乐、舞蹈、服饰等,都提供了宝贵的资料,虽经千余年沧桑,依然散发着无穷的魅力。

(本文刊于《人民日报》2013年9月15日12版,文中配图由陕西历史博物馆提供)

青铜之冠：秦始皇帝陵青铜马车

党士学　周婧峰

1980年12月，在陕西临潼秦始皇帝陵封土西侧二十米处出土了两乘青铜马车（图一），按前后位置编号为一号车（图二）和二号车（图三）。青铜马车的大小约为真实马车的二分之一，车、马、御手全用青铜铸造，通体彩绘，车马器和部分装饰则用金银制作。作为我国考古史上发现最早、体形最大、保存最完整的青铜马车，它们对研究我国秦代冶炼与青铜制造技术、车舆制度、车辆结构等具有重要的价值。现藏于秦始皇帝陵博物院。

这两乘车均为单辕、双轮、四马系驾。据《后汉书·舆服志》记载："天子所御驾六，余皆驾四。"蔡邕《独断》记载："法驾，上所乘曰金根车，驾六马。有五色安车、

国宝华光

图一 一号、二号青铜马车

图二 一号青铜马车

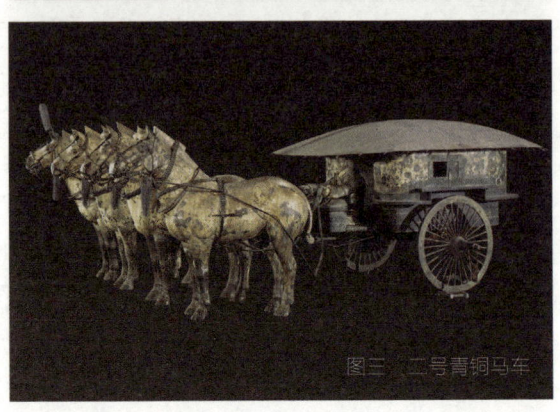

图三 二号青铜马车

五色立车各一，皆驾四马，是谓五时副车。"由此可知，青铜马车应该是秦始皇銮驾车队中的属车（也称副车、贰车）。五时副车由五辆安车和五辆立车组成，一辆安车和一辆立车为一组，均驾四马。《后汉书·舆服志》还说："五时车，安、立亦皆如之。各如方色，马亦如之。"五时源于五行，对应五方、五色，即青、白、赤、黑、黄分别对应东、西、南、北、中。这两辆青铜马车的彩绘颜色以白色为主，与五方色中的西方色相合，从而证明青铜马车应当是摹写秦始皇銮驾卤簿中的属车制作的。

一号铜马车通长225厘米、高152厘米，车舆四面围楥，后部辟门。围楥用笭网和屏蔽物幕蔽。覆蔽体外面绘勾连的菱形纹，内侧绘类似织锦的纹样。舆近前部三分之一处的上方，横置供人凭扶的车軨，表面彩绘精美的几何纹饰（图四），象征用锦类织物包裹。舆内竖立一顶高杠盖，伞盖内里密布彩绘云纹。伞杠用一个带有立柱的十字形座固定，盖座中的机关异常精巧。伞盖下站一御官俑（图五），头戴双卷尾冠，身佩玉环，背后佩剑，双手握辔。车上配有铜弩（图六）、铜盾（图

图四 车轼背面衣蔽上的彩绘纹饰

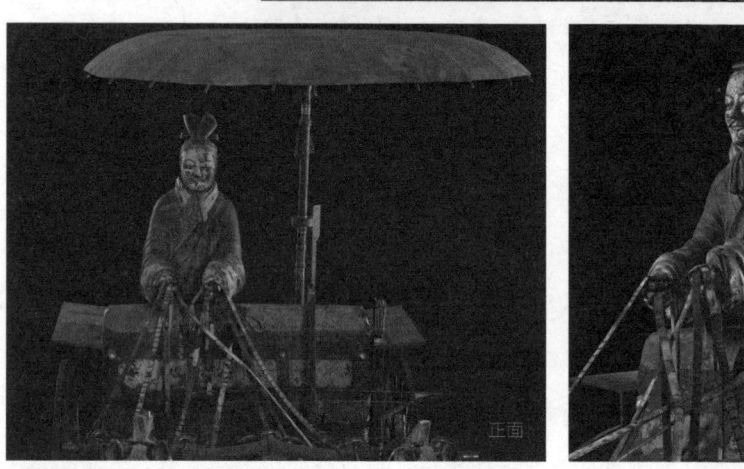

图五 一号青铜马车上的站姿御官俑

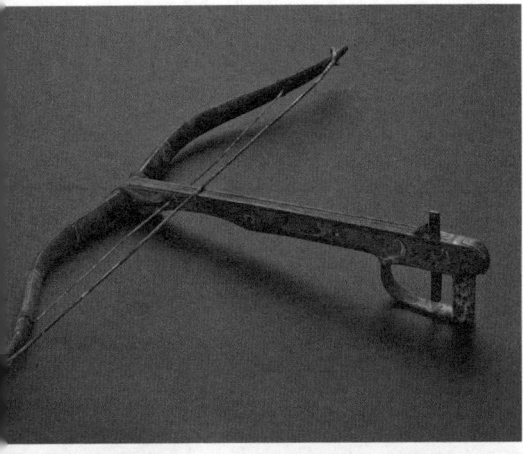

图六 一号青铜马车上的铜弩

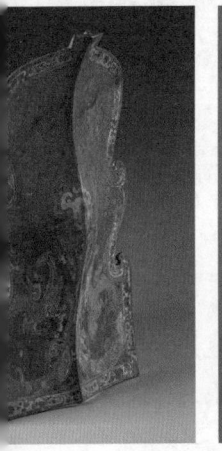

图七 一号青铜马车上的铜盾

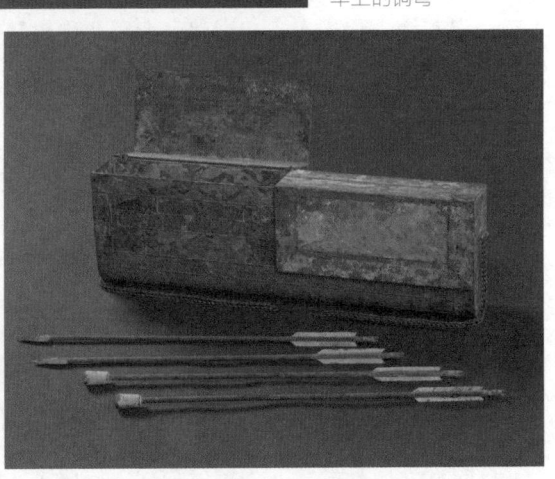

图八 一号青铜马车上的笼箙和铜矢

青铜之冠：秦始皇帝陵青铜马车

七)、笼箙和铜矢(图八)等兵器。《后汉书·舆服志》刘昭注引徐广曰:"立乘曰高车,坐乘曰安车。"可见一号车应是秦始皇銮驾中的立车,又名高车。其配有兵器,应该是兵车变化而来。《独断》中记述秦始皇法驾卤簿的车马仪仗时曾说"又有戎立车以征伐",说明了立车在御用车队中还可能有作战和田猎的作用。

二号车辔绳末端有朱书"安车第一"四字,由此可认定其为古代安车。在秦代,安车又称辒辌车,曾作为秦始皇的出巡乘舆。《史记·秦始皇本纪》关于秦始皇第五次出巡的记载,多次提到辒辌车。二号车的出土使人不仅对秦代卤簿制度和古代马车陪葬制度有了进一步了解,更对古代安车的形制结构有了明确认识。

二号车通长317厘米、通高106厘米,总重量为1241千克,单辕双轭,四马分两服两骖。马高90.2~93.6厘米、长110~114厘米,通体白色,仅鼻孔、口腔等处施粉红色。车舆分为前、后两室,前室很小,仅容御手就座。青铜马车中,头戴双卷尾冠,身穿长襦,腰佩短剑的御官俑,跽坐于车前室,手中握着辔索。后室是供主人乘坐的主舆，舆宽78厘米、进深88厘米。主舆四周屏蔽，后边留门，门上装有可开闭的门板；前部和左右两侧开窗，前窗装有能够向上掀起的菱格形镂空窗扇，左右窗则以夹心的方式安装着可推拉的菱格形镂空窗板。舆室的顶部罩着一面椭圆形的穹隆式篷盖，盖长178厘米、宽129.5厘米。舆底上铺有一面绘满几何纹的铜板，象征柔软的茵垫。车舆内外遍施精美纹饰，其中舆室屏蔽体和车盖以夔龙与凤鸟纹为主。舆的周边及前室的内外则饰以流云纹、几何纹等纹饰。

青铜马车制作工艺复杂，技术精湛。整辆马车可分解成上百个组件，多数组件又是由众多的零部件组装而成。体量较大、结构较复杂的单体器件多采用分步铸造的方法完成，铸造的工艺手法主要有嵌铸法、包铸法、铸焊法三种；各种组合器件的组装，则采用了子母扣加销钉连接等近十种连接方法。很多部件在制作成型后及连接的过程中，还根据具体情况使用了抛光、切削、錾刻、镶嵌等工艺。马车的彩绘不仅起到美化装饰作用，更重要的是以摹写的纹饰表现了结构原来的材质，其精妙的彩绘技法令人叹为观止。

秦陵青铜马车以完整的结构、准确的造型、细致的摹写和精心的制作,将秦代马车的形制、鞁具的构造、驾引方式等,形象具体地呈现在人们面前,为澄清古代车制研究方面长期争论的诸多学术问题提供了宝贵资料。凝聚了2000多年前高超金属制造工艺的青铜马车,是古代艺术与技术的绝妙结合,堪称中国古代青铜铸造和制作工艺史上的典范,在中国和世界冶金史与金属制作工艺史上均占有重要位置。

(本文刊于《人民日报》2013年10月6日8版,文中配图由秦始皇帝陵博物院提供)

瓷母：各种釉彩大瓶

吕成龙

北京故宫博物院堪称中国最大的古代艺术品宝库，其中收藏陶瓷类文物约三十五万件，绝大部分属于原清宫旧藏，可谓自成体系，流传有绪。在故宫博物院陶瓷馆中，陈列有四百多件陶瓷精品，按时代顺序展示，供观众鉴赏研究。馆内醒目的位置摆放着一件独一无二的珍品——各种釉彩大瓶（图一）。

该瓶洗口，长颈，长圆腹，圈足外撇，颈部两侧对称置螭耳。瓶内及圈足内，均施松石绿釉。外底中心署青花篆体"大清乾隆年制"六字三行款（图二）。各种釉彩大瓶最大的亮点在于，其器身自上而下装饰的釉、彩共计十五层，所使用的釉上彩装饰品种有金彩、洋彩

国宝华光

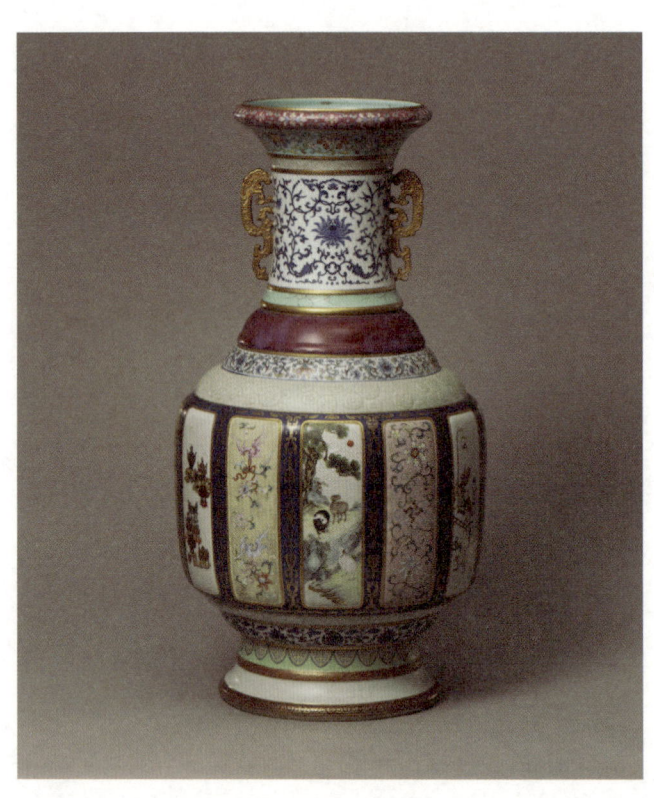

图一 各种釉彩大瓶

等；釉下彩装饰品种有青花；还有釉上彩与釉下彩相结合的斗彩。所装饰的釉有仿哥釉、松石绿釉、仿钧釉、粉青釉、祭蓝釉、仿汝釉、仿官釉、酱釉、金釉等。

在瓶的腹部，还有一圈主题纹饰（图三），以祭蓝釉描金开光粉彩吉祥图案为底纹，共有十二个开光，其中六幅为有吉祥寓意的图画，分别为"三阳（羊）开泰""吉（戟）庆（磬）有余""丹凤朝阳""太平（瓶）有象""仙山琼阁""博古九鼎"。另六幅为图案花卉，分别是锦地"卍"字、蝙蝠、如意、蟠螭、灵芝、花卉，寓意"万""福""如意""辟邪""长寿""富贵"。

在该瓶众多的装饰中，最引人注目的是口部和腹部的各种色地"洋彩锦上添花"装饰。据雍正十三年（1735年）督陶官唐英撰《陶成纪事》载："洋彩器皿，新仿西洋珐琅画法，人物、山水、花卉、翎毛无不精细入神。"可见瓷胎洋彩在雍正时已开始烧造。从清宫内务府造办处《各作成做活计清档》来看，瓷胎洋彩瓷器大都制作于乾隆六年（1741年）至乾隆九年（1744年）期间，系在当时由督陶官唐英督理的景德镇御窑厂内制作完

图二　各种釉彩大瓶款识

图三　各种釉彩大瓶腹部的主题纹饰

成。这种洋彩瓷器深受乾隆皇帝的喜爱。据《乾隆八年各作成做活计清档》（乾清宫）记载："（乾隆八年）十一月初五日，太监程敬贵来说，太监胡世杰交洋彩红地锦上添花四团山水宫碗十件、洋彩黄地锦上添花四团山水宫碗十件、洋彩蓝地锦上添花四团山水宫碗四件、洋彩红地锦上添花四团山水元杯盘八分、洋彩红地锦上添花四团山水海棠式杯盘八分、洋彩殿阁诗句瓶一对、洋彩人物诗句玉梅瓶一对、洋彩诗句菊花玉梅瓶一对、洋彩西洋人物花瓶一对。传旨：着配匣入乾清宫配匣磁器内。钦此。"宫廷对洋彩瓷器的青睐从中可窥一斑。

瓷胎洋彩瓷器除在绘画方面模仿西洋珐琅画法以外，其装饰题材亦多见西洋人物和受西方"洛可可"艺术风格影响的各种洋花（洋菊、洋莲等）图案。特别是督陶官唐英，在洋彩瓷器的制作过程中，开发了许多新的造型和装饰式样，以博取乾隆皇帝的欢心，其中最值得一提的是各种色地（黄地、胭脂红地、粉红地、蓝地、绿地等）"锦上添花"（亦称"轧道"）装饰和转心瓶、转颈瓶，给人耳目一新之感，成为乾隆朝风格独特的瓷器品种。

从烧造工艺上看,青花与仿官釉、仿汝釉、仿哥釉、窑变釉、粉青釉、祭蓝釉等均属于高温釉、彩,需先高温焙烧。而洋彩、金彩及松石绿釉等均属于低温釉彩,应后入低温炭炉焙烧。这件各种釉彩大瓶集十多种高低温釉、彩于一身,而且各种釉、彩均发色纯正,如此复杂的工艺只有在全面掌握各种釉、彩化学性能的情况下才能顺利完成,因此它博得了"瓷母"之美称。各种釉彩大瓶集中体现了当时高超的制瓷技艺,流传至今能够完好无损,实属难得,传世仅此一件,弥足珍贵。

(本文刊于《人民日报》2013年10月20日12版,文中配图由故宫博物院提供)

礼制之冠：九旒冕

卫松涛

朱元璋建立明朝，以恢复华夏正统为名，模仿古制，建立了独特的冠服制度。明初规定，皇帝及王等在重大祭祀活动、重要节日及册拜时服衮冕之服，其中的"礼帽"即为旒冕，皇帝为十二旒冕，太子、亲王为九旒冕。

山东省邹城市明初鲁荒王墓中便出土了一顶九旒冕（图一），是现在所发现的中国古代唯一的完整旒冕实物。出土时，主体构件冠武、金簪、綖板、旒珠、玉衡、充耳等保存完整（图二）。冠的主体叫冠武，圆筒形，上穿一金簪（图三）；綖板木质，前圆后方，比喻天圆地方，有天下一统的意思。綖板下有一青玉衡贯穿左右，作用是将綖板固定在冠武上。玉衡左右两端各悬一青玉圆珠，正好

图一 九旒冕（制于明洪武前期，由冠武、金簪、綖板、旒等部分组成，竹、木、丝、金、铁、玉石及大漆等多种材料复合制作。冠武直径17.6厘米、高17.9厘米；綖板长49.4厘米、宽23.5厘米。现藏于山东博物馆）

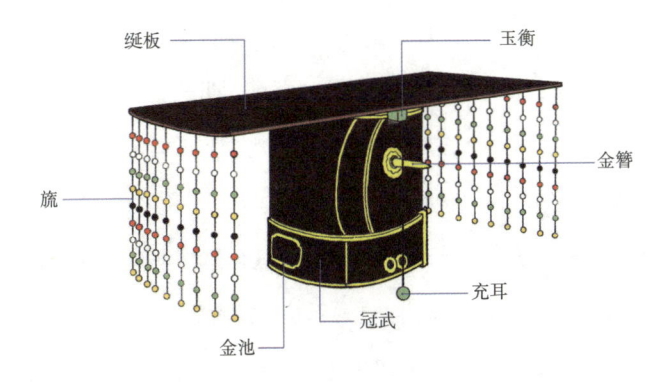

图二　九旒冕现存主要部分示意图

图三　金簪

礼制之冠：九旒冕

挂在两耳的位置，叫作充耳，就是塞住耳朵，寓意帝王对谗言"充耳不闻"，求大德不计小过。綖板前后各悬九旒，每旒九珠，排序采取五行交替的顺序。明朝重五德，尚火德，因此，第一个旒珠为赤色，以下为白、青、黄、黑等色，分别对应火德、金德、木德、土德、水德。每个旒珠之间相隔一寸，这样，佩戴后，前面的旒会遮挡部分视线，表示帝王不看是非奸邪，也有显示威严的意思。

这顶九旒冕的主人叫朱檀，是朱元璋的第十子，生于洪武三年（1370年），被封为鲁王，洪武十八年（1385年）就藩兖州。由于他喜欢诗词歌赋，文采斐然，朱元璋对他甚为疼爱。朱檀喜欢游玩享乐，曾携王妃夜不归宿，触犯刑律，受到重罚，王妃自杀。但他依然不思悔改，又迷上长生不老之术，服食仙丹，十九岁时金石药物中毒，双眼受伤，洪武二十二年底（1390年初）毒发身亡。朱元璋既痛且恨，给了他一个下谥"荒"，就是"好乐怠政"的意思。

朱檀葬于邹城九龙山南麓第一座山峰，当地俗呼"龙头"，是堪舆家所称的风水宝地。荒王临死前侧妃戈氏生了一个儿子，就是后来的鲁靖王，靖王长寿，子孙繁盛。

鲁王一系是明代诸王里传世最久的一支，共二百九十三年。末代鲁王朱以海称"监国鲁王"，是南明重要的抗清力量。

1970年，鲁荒王墓园受到破坏。为保护文物，山东博物馆对其进行了抢救性发掘。墓葬未被盗扰，文物保存较为理想。墓内共出土器物一千一百一十六件，其中包括数量不菲的冠冕袍服，包括九旒冕、九缝皮弁、乌纱折上巾及各式龙袍等。除此之外，还出土大量木俑仪仗、文玩清供、琴棋书画、家具漆器、金玉佩饰等，完整呈现了明朝初年亲王的奢华生活。

山东博物馆馆藏九旒冕，能准确反映明代洪武前期亲王用冕原貌，并可据此复原皇帝、太子等所用旒冕。文献记载，明初皇家礼制经多次修改完善，此九旒冕反映的正是处于修订过程中的冕服制度，是研究明初礼制的重要证据。其制作工艺包括竹编、髹漆、金器玉器加工等，反映了当时高超的手工业生产技术，为当之无愧的国之瑰宝。

（本文刊于《人民日报》2013年11月3日12版，文中配图由山东博物馆提供）

御笔丹青：宋徽宗《瑞鹤图》

董宝厚

宋徽宗，名赵佶，号宣和主人，自称教主道君皇帝。他留存至今的画作大致有两种，一种是"御笔画"，一种是"御题画"，前者出自徽宗的亲笔，后者则由他人代笔作画，徽宗题款。据考证，辽宁省博物馆收藏的《瑞鹤图》(图一)即为存世绝少的"御制御画并书"之一。《瑞鹤图》是宋徽宗艺术成熟时期的代表作，与《祥龙石图》《五色鹦鹉图》一起作为徽宗工笔写实类的三幅花鸟画，是鉴定传世宋徽宗画作的重要标尺。

《瑞鹤图》画面用淡石青添染天色，十八只丹顶鹤飞翔于宫殿上空，蹁跹多变，无有同者。又有两鹤立于左右"鸱尾"之上，右边鹤似挺颈高歌，左边鹤曲颈相望，刻画入微，逼真动人（图二）。上下左右之间互相呼应，若有节奏。云气缭绕中现出宫殿顶部建筑，正面现出屋顶及斗拱，左右又各现出阙楼的一角，这正是宋都汴梁的端门（也就是宫殿的正门宣德门），点出主题，群鹤来集于此，乃是国运昌盛的祥瑞之兆。

《瑞鹤图》作于1112年，时宋徽宗三十岁，其在位的十二年间天下并不太平，天灾人祸接踵而至，几年里，河东连续地震、京畿蝗灾、南方水灾……这位道君皇帝处心积虑地寻找奇花异石和各种祥瑞之物，寻求国家祥瑞所在，想以此稳定朝廷，安抚民心。他听信道士献计，修艮岳，设立花石纲，豢养了许多珍禽异兽，营造并修建延福宫、宝真宫、龙德宫和五岳观等道教宫观等，用石累以万计，民间怨声载道。除了这些，更给京城带来不安的是，崇宁五年（1106年）正月，彗星横扫汴梁上空，天人感应之说相传，这是皇帝触怒了上苍，才引起上苍的警告。徽宗慌忙垂询政失，接受劝告，拆除针对元祐党人的诬碑，解除党禁……

道君皇帝一直期盼着京城上空能出现吉兆。六年后

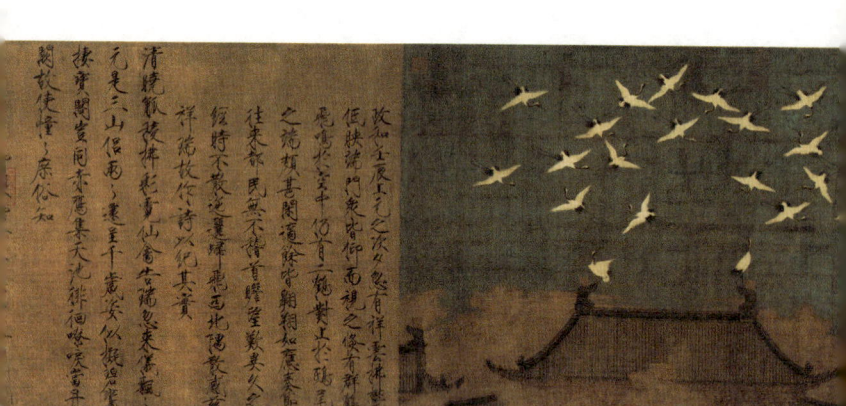

图一　北宋赵佶《瑞鹤图》全卷

图二　北宋赵佶《瑞鹤图》局部

的正月十六，或是他亲眼所见，或是有人来报，宋宫的正始之门端门上空出现了群鹤盘旋，预兆国运临门、国运长久。徽宗从"仙禽告瑞"中得知国运"千岁"的吉兆，于是，他精心赶绘此图，在他看来，这对安定朝廷内外的人心太重要了。道君皇帝相信有灵性的动植物会预示个人和国家的命运。这些被精心描绘下来的祥瑞将会给他的统治带来信心，也给他的臣属们带来希望，如飞越宫城端门上空的白鹤、玲珑石上的瑞草、芙蓉枝上的锦鸡等。宋徽宗和多少臣子们，都沉浸在这些繁花似锦的"国运"幻境里。

　　抛开此图创作的政治动因，以艺术的眼光审视作品本身，《瑞鹤图》仍为难得的珍品佳作。《瑞鹤图》所描绘的群鹤翻飞，姿态百变，翱翔生动，笔致精细，各极其态，以鹤之大，演而为小，为飞翔的一群，而又灵动如生，描写的功夫，超越形而入于神，这对绘画艺术而言难能可贵。画中界画屋脊，工细不苟，时有云气涨漫，隐去部分楼层，避免了界画建筑过多的平列线条造成画面呆板，白鹤在黛青色的天空中翻飞，显得格外鲜明，极富盘旋的动感，并且多而不乱，体现了画家把握大场面禽鸟形态的艺术能力。画面后幅瘦金体的御制御书题记和诗，与画风协调，在审美上与画面相得益彰。

《瑞鹤图》虽然为祥瑞之图，但是在此图创作的十五年后（1127年），徽宗被俘，北宋灭亡，即使是不懂得书画气韵的后世观者是否也隐约听见徘徊的仙鹤留下的悠长哀鸣？它们在哀悼气数将尽的北宋王朝和悲哀的道君皇帝。

《画继》载此图是《宣和睿览册》之一。元中期失群散出，为胡行简所藏，入明以来归项子京收藏，清入内府，溥仪以赏赐溥杰为名，连同其他一些书画经天津运往长春伪皇宫。第二次世界大战结束后，溥仪携此逃至吉林临江为东北民主联军截获，交东北银行转交东北文物管理委员会，其后，入藏东北博物馆即今辽宁省博物馆。

（本文刊于《人民日报》2013年12月1日12版，文中配图由辽宁省博物馆提供）

山水新境：展子虔《游春图》

李 湜

展子虔与顾恺之、陆探微、张僧繇并列为唐以前中国画史上最杰出的四大家。他祖籍山东，历北齐、北周至隋，任朝散大夫、帐内都督等文职，曾辗转西安、洛阳、永济、扬州及四川等地，领略大江南北山水之美，观赏各地画家名品真迹，承魏晋南北朝绘画技法，开隋唐山水画之新风。

展子虔创作题材涉猎广泛，工绘人物、山水、车马、楼阁及翎毛等，但他流传至今的作品则是一幅名为《游春图》的山水画（图一）。当然，这一画名并不是他本人题写的，因为该画原本既无作者名款，也无作品名称，到了北宋晚期，徽宗皇帝在其前隔水处题签为"展子虔

图一　展子虔《游春图》全卷

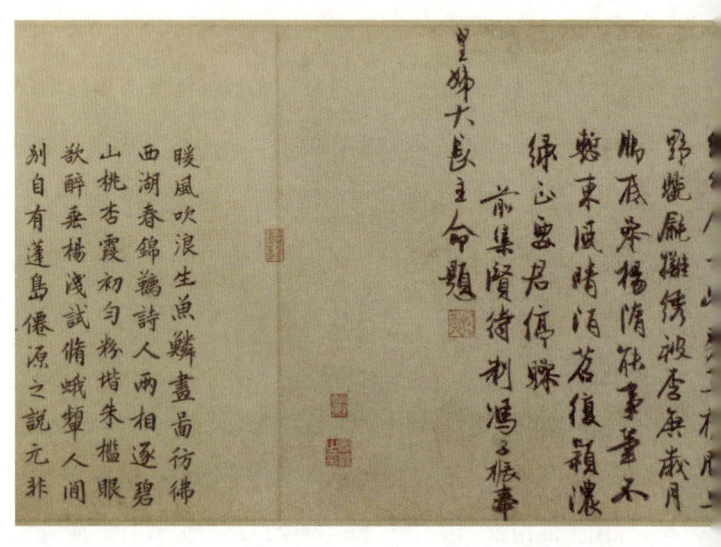

图二　展子虔《游春图》题跋

山水新境：展子虔《游春图》

图三　展子虔《游春图》局部

游春图"，元明清鉴赏家因此而称其为《游春图》（图二）。尽管如此，也有学者认为它并非展子虔亲笔，而可能是五代或宋的摹本。但是大多数学者仍认为此画是隋代的作品，是现存最早的山水画卷，在中国绘画史上具有重要意义。

《游春图》距今虽然已1400多年，但仍色彩明丽，十分精彩（图三）。人们在明媚的春光下骑马、乘舟春游的怡然情景如在眼前。同时，它所表现出的空间与造型意识，标志着我国传统山水画趋于成熟。画中"丈山、尺树、寸马、豆人"各尽其态，它们之间远近、高低的空间关系及相互比衬的大小、宽窄结构比例关系，改变了魏晋南北朝时期画作中常见的"人大于山，水不容泛"的稚拙状态，表明展子虔作为隋朝画家对于自然景物的观察、理解及对美的感受力和技法的表现力，均已达到了一个新的境界。

《游春图》中层峦叠嶂的山石以匀整婉转的细线勾勒，以石青、石绿沿山体的边线填色并以泥金晕染山脚，浓重的青绿色彩作为全画主调，既再现了春天自然景致的色彩特征，也与图中以红色、白色勾描的建筑物、人物、云朵及马匹等相互辉映，使作品勃发出盎然春意。特别是其青绿设色的技法，为唐代李思训、李昭道父子所继承和发展，因此，它又成为中国山水画中一种独具风格的画体"金碧山水"之先声。

该作品被历代皇室和私人藏家拱为珍宝，历经宋徽宗赵佶、贾似道，元仁宗鲁国大长公主祥哥剌吉，明严嵩、严世蕃父子，清梁清标、安岐及乾隆内府收藏。清末溥仪逊位后，被以赏溥杰之名带出宫，流落民间。20世纪40年代，著名爱国收藏家张伯驹先生从文物商手中将此画收购，在1956年将它捐献给国家文物局，入藏于故宫博物院。今天展观这幅画卷，我们在为那画中的春光所陶醉的同时，心底还存在着一重深深的敬意，那是献给张伯驹先生的。

（本文刊于《人民日报》2014年2月9日12版，文中配图由故宫博物院提供）

何缘"中国":何尊

王 红

如果有人问"中国"一词最早见于何处,你带他去看何尊;如果有人问"中国邮政"的标识"中"字为何这样设计,你带他去看何尊。因为这一切都源自何尊。

何尊(图一)是西周早期贵族"何"铸造的一件青铜酒器,通高38.5厘米、口径29厘米、圈足底径20厘米×20厘米,重14.6千克,现藏宝鸡青铜器博物院。尊器身呈椭方形,圆口外侈,通体饰四道透雕的扉棱,其造型典雅庄重,方圆相继,富有变化。尊上腹部饰以蕉叶纹和蛇纹,腹部及圈足饰饕餮纹,饕餮巨目利爪,粗大的卷角翘出器面;纹饰采用高浮雕与地纹相结合的表现手法,繁缛华丽。

图一　何尊

何尊是西周早期成王时的青铜器，其内底铸铭文十二行一百二十二字（图二），记载了成王在其亲政五年时，于新建成的东都洛邑对其下属"宗小子"的训诰，其中提到周武王在世时决定迁都于洛邑，即"宅兹中国"，可与《尚书》中的《洛诰》《召诰》等文献记载互证，起到了证实补史的作用，为西周历史的研究和青铜器的断代提供了重要的实物资料。尤其值得注意的是铭文中"宅兹中国"，是目前所知"中国"一词的最早出现。"中国"在这里的含义，是指西周王朝所辖领土，即"天下"的中心——伊河、洛河流域的中原地区，是一个区域概念。

何尊的面世也颇具传奇色彩。1963年，宝鸡市贾村镇村民陈堆家后院坍塌的土崖中掉出一件青铜器。1965年，其兄因家中生活困难，将这件青铜器当作废铜卖到废品收购站，当时宝鸡市博物馆（宝鸡青铜器博物院前身）的工作人员以三十元将这件青铜器征集回馆。1975年，这件青铜器有幸入选国家文物局准备在日本举办的中国出土文物精品展，当时负责筹备展览的马承源先生清理该器时，在器内底发现了长达一百二十二字的铭文，

图二　何尊铭文

由此将这件青铜器定名为"何尊"。铭文的发现，使这件从废品堆里捡回的青铜器身价倍增，一跃成为西周初年三大重器之一。全国著名的古文字学家唐兰先生曾盛赞何尊："这是一件极其重要的历史文物，跟武王时代的大丰簋、康王时代的宜侯夨簋等差不多，而在成王时代，这将是最可珍贵的史料。这一新发现，是我国考古学上又一重大收获。"1982年我国发行的第一套文物特种纪念邮票中，何尊居其一，因而闻名于海内外。为保护国家一级文物中的孤品和易损品，2002年1月，国家文物局印发《首批禁止出国（境）展览文物目录》，规定六十四件（组）一级文物禁止出国（境）展览，何尊就位列其中，再一次向世人证明了它无与伦比的历史、科学及艺术价值。

（本文刊于《人民日报》2014年2月23日12版，文中配图由宝鸡青铜器博物院提供）

稀世胡冠：鹰形金冠饰

沈莎莎

1972年冬，地处鄂尔多斯高原上的内蒙古自治区杭锦旗阿鲁柴登的村民们在茫茫沙海中发现了一批极其珍贵的匈奴人的金银器。这批金银器共计两百多件，以各式金饰牌为主，器物上都浅浮雕有虎、狼、马、羊、鸟等动物形象及虎咬羊、狼咬羊等捕食场景，是我国匈奴族考古史上罕见的重大发现。其中的鹰形金冠饰（图一）是这批匈奴遗物中最典型的艺术珍品。

鹰形金冠饰由鹰形冠顶（图二）和金冠带（图三）两部分组成。冠顶为厚金片锤打而成的半球体，边缘呈花瓣状。半球体上面浮雕有四组狼吃羊的图案。四只狼两两对卧，四肢屈曲前伸，分布于半球体的左右两侧；

图一　鹰形金冠饰

图二　鹰形冠顶

图三　金冠带

四只盘角羊也是两两成对，羊角后卷，卷曲处镂空，前肢前屈，后半身被狼紧紧咬住，成反转姿态，使后肢朝上，搭在狼的颈部，分布于半球体的前后。

　　冠顶中央傲立一只展翅雄鹰。鹰身由金片做成，中空，身及双翅做成羽毛纹饰。鹰的头部、颈部用绿松石做成，中间用花边金片隔开，好似项链。鹰鼻处插入金丝，将头部、颈部与腹下连起，头、颈可以左右摇动。尾部另做，用金丝与鹰体连接，可左右摆动。整个冠顶构成了雄鹰鸟瞰狼咬羊的生动画面，雄鹰头尾均能摆动，栩栩如生。

冠带由三条半圆形绳索式金带组合而成。前面有上下两条，中间及末端均有榫卯相合，后面一条两端有榫与前面一条连接组成圆形。三条金带末端分别饰浅浮雕的卧虎、卧羊、卧马，其中卧虎张嘴露牙，卧马四肢内屈，腹着地，头下垂，做温静之态。

阿鲁柴登地处毛乌素沙漠的边缘，但是从这批金银器所饰动物图像来看，战国时期，这里应是水草丰美的天然牧场。史书记载匈奴活动的"河南地"就包括这里。从这批珍贵的金银器遗物的数量及制作工艺看，绝不可能为普通的匈奴人所有，尤其是鹰形金冠饰，不仅是一件艺术瑰宝，而且是权力的象征，它的所有者应该是匈奴贵族中部落酋长等级的人。所以，学者推测其拥有者可能是战国晚期至秦汉之际活动于此地的林胡、楼烦或白羊王一类的匈奴贵族，因此有人称其为"匈奴王金冠"。

鹰形金冠饰是至今唯一发现的"胡冠"标本，具有很高的历史价值和艺术价值。鹰形金冠饰构思奇特，制作工艺精湛，纹饰精美。装饰题材都是草原上生动逼真的动物形象，装饰手法写实又生动，表现了"鄂尔多斯式青铜器"装饰艺术风格的独特魅力，其融铸造、锻压、锤打、抽丝等先进技术于一身的工艺更是代表了当时金银器制作工艺的最高水平，在中国艺术史及科技史上都具有重要的地位。它的发现对研究当时匈奴人的活动范围、社会结构、阶级构成等方面具有很高的历史价值。

（本文刊于《人民日报》2014年4月6日8版，文中配图由内蒙古博物院提供）

宝相庄严：隋董钦造阿弥陀佛像

杨宏毅

魏晋至隋唐是佛教传入中国之后最为兴盛的历史阶段。隋朝建立后，隋文帝一反北周武帝"初断佛、道二教"的灭佛政策，大力提倡佛教，一方面力图建立以儒学为核心，以佛、道为辅助，调和三教思想的统治政策，另一方面也借以收取人望。佛教由此再度进入辉煌时期，上至帝王将相，下至庶民百姓，无不崇信佛教，从宫廷到民间掀起了大造佛像风潮。1974年在西安雁塔区八里村出土的开皇四年（584年）董钦造镏金铜阿弥陀佛像（图一），就是在这种社会风尚下铸造的。

隋代佛造像注重群像的整体效果，出现了多尊组合一铺的佛教造像群。董钦造镏金铜阿弥陀佛像便是现存

宝相庄严：隋董钦造阿弥陀佛像

图一　董钦造镏金铜阿弥陀佛像（通高 41 厘米、座长 24.6 厘米、宽 24 厘米，现藏于西安博物院）

成铺造像中最为精美的一组。该造像由高足床上的阿弥陀佛、二菩萨（图二）、二力士、一香熏（图三）和一张四足方床、两蹲狮（图四）组成。阿弥陀佛高肉髻，面相清瘦，双目平视，口微启，面带微笑。上身外着袒右肩袈裟外衣，内着僧祇支，下着长裙，两手施无畏印与愿印，结跏趺坐于莲花座上。两胁侍菩萨均头戴高宝冠，面相同佛，体长腰细，上身裸露，颈饰项圈，身佩璎珞，手挽帔帛，下着及踝长裙，跣足立于阿弥陀佛两侧的莲花座上，分别为观世音和大势至菩萨。两菩萨前站立两金刚力士，力士头戴宝冠，面相丰满，狮鼻阔口，颈饰项圈，胸佩璎珞，肩搭帔帛，上身袒露，腹部圆鼓，下着长裙。正中置一香熏，下有一侏儒用力托举香熏。床前一对蹲狮。高足方床的四角各有一曲尺形护栏。

四足方床的右侧及背面的边和足上还镌刻有启首为"开皇四年"的发愿文及赞词（图五）。"开皇四年七月十五日，宁远将军武强县丞董钦敬造弥陀像一区，上为皇帝陛下，父母兄弟、姊妹妻子俱闻正法。赞曰：四相迭起，一生俄度，唯乘大车，能□平路。其一，真相

宝相庄严：隋董钦造阿弥陀佛像

图二 董钦造像中的菩萨像

— 119 —

图三 董钦造像中的熏炉

宝相庄严：隋董钦造阿弥陀佛像

图四　董钦造像中的铜狮子

图五　董钦造像中方床上的发愿文

□□，成形应身，忽生莲座，来救□轮。其二，上思因果，下念群生，求离火宅，先知化城。其三，树斯胜善，愍诸含识，共越阎浮，俱□香食。"

阿弥陀佛与观世音、大势至二菩萨合称"西方三圣"，是佛教净土宗崇奉的三位主要尊像。发愿文及赞词揭示了佛教弥陀净土信仰在发展过程中，不断汲取着中国传统信仰和儒家观念，如超度亡灵、孝养父母等思想，以把往生与现世利益合二为一。

西安地区迄今已发现有隋代佛造像百余尊，多数收藏于西安博物院。董钦造阿弥陀佛像的时代风格非常明显，是目前发现的隋代金铜造像中造型结构最复杂、保存最完整的一组造像，对于研究隋代佛教传播、佛教造像艺术，以及当时的铸造和镀金工艺具有重要价值。这尊造像以阿弥陀佛为中心，艺术地将菩萨、力士、蹲狮高低错落地安排在一起。整座造像造型端庄、金碧辉煌，是隋代造像中极罕见的珍品。

（本文刊于《人民日报》2014年4月20日12版，文中配图由西安博物院提供）

醉僧逸翰：怀素《苦笋帖》

凌利中

"狂草"的异军突起，是唐代书法成就的重要组成。其中，张旭和怀素是确立狂草书体的最有艺术成就的代表书家，世称"颠张狂素"。他们突破成法、追求个性抒发，开启了尚意书风的先河。

上海博物馆珍藏的《苦笋帖》（图一），是迄今传世怀素作品中一件没有争议的真迹。此帖绢本，纵25.1厘米，横12厘米。帖前乾隆引首"醉僧逸翰"四字；帖后有宋米友仁、聂子述，明项元汴，清李佐贤等题跋；又有宋"宝庆改元九月九日重装。松题记"款，据专家考证，应为《兰亭续考》编者俞松所书。钤有"绍兴""内府图书之印""欧阳玄印"，以及项元汴、乾隆内府诸印。

图一 《苦笋贴》

《苦笋帖》（局部见图二、图三）两行十四字，"苦笋及茗异常佳，乃可迳来。怀素上"，笔法俊健，墨彩如新，运笔如骤雨旋风，飞动圆转。清吴其贞《书画记》评此帖："书法秀健，结构舒畅，为素师超妙入神之书。"观此帖，亦有如宋周越"观怀素之书，有飞动之势，若悬岩坠石，惊电遗光也"之感，是怀素传世书迹中的代表作。

《苦笋帖》墨迹书于绢上。此札释文提到"苦笋及茗异常佳，乃可迳来"。"苦笋"，是一种产于西南的植物，笋肉色白，喷香微苦，回口爽甜，品之如茶。嗜好参禅的文人书法大家黄庭坚对于苦笋相当偏爱，其行书《苦笋赋》中有评："冠冕两川，甘脆惬当，小苦而及成味。温润稹密。多啗而不疾人。""茗"指茶；"迳"字同"径"，径直、直接之意。此帖亦是可考的最早与茶有关的佛门书法，也是禅茶一味的产物，所谓"茶本菩提树，佛光

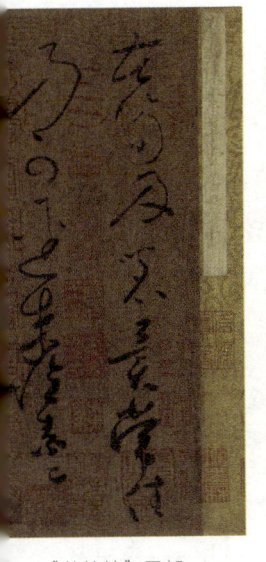

醉僧逸翰：怀素《苦笋帖》

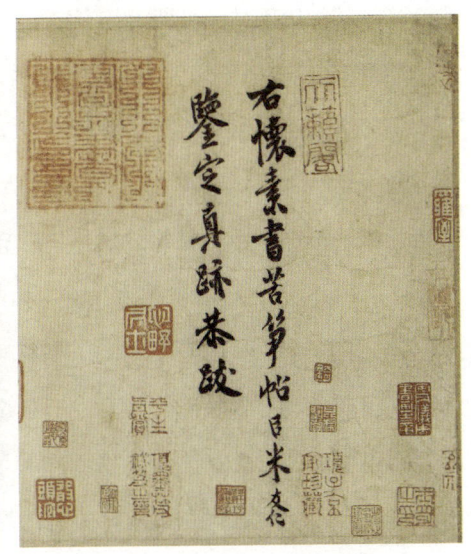

《苦笋帖》局部　　图三　宋米友仁鉴定怀素真迹跋

开悟处"，皆以淡泊静心为最高境界是也。

此帖宋时曾入高宗绍兴内府收藏，后历经元欧阳玄，明杨士奇、项元汴，清安岐、乾隆内府、永瑢、永瑆、奕䜣、载滢等递藏。陈继儒《妮古录》、吴其贞《书画记》、顾复《平生壮观》、安岐《墨缘汇观》、李佐贤《书画鉴影》等著录；曾刻入《大观帖》《三希堂续帖》《诒晋斋摹古帖》等汇帖。可谓流传有绪。

怀素（737—799），字藏真，俗姓钱，永州零陵（今湖南零陵）人，以狂草名世，史称"草圣"。他自幼出家为僧，经禅之暇，爱好书法，刻苦临池，采蕉叶练字，木板为纸，板穿叶尽，秃笔成冢，其后笔走龙蛇，满纸云烟。一时王公名流争相与之结交，如颜真卿（708—784）与怀素旦夕切磋笔法，获益良多，为书史佳话。怀素性情疏放，好饮，酒酣兴发，于寺壁里墙、衣裳器具，无不书之，自言"饮酒以养性，草书以畅志"。怀素与张旭二人形成唐代草书双峰并峙的局面，也是中国草书史上两座难以企及的高峰。前人评怀素狂草能继承张旭又有新的发展，史称"以狂继颠"，米芾《书评》"释怀素书如壮士拔剑,神彩动人,而回旋进退,莫不中节",李白亦有《草书歌行》赞扬怀素的草书艺术。其后的书学大家如苏轼、黄庭坚、米芾、鲜于枢、赵孟頫、祝允明、徐渭、董其昌等,无不受其影响,皆视其草书为经典。

历千余年沧桑变迁,《苦笋帖》尚存世间,且楮素完好,真可谓奇物自有神护。虽寥寥十四字,然此帖于古人手札墨迹中,其艺术价值堪称翘楚,影响深远,是中国书法史上的旷世绝品。对于禅宗、茶道等中国传统文化的研究,亦具有难以估量的文化价值,是为国之珍宝。

(本文刊于《人民日报》2014年5月4日12版,文中配图由上海博物馆提供)

尼雅遗珍:"五星出东方利中国"织锦护臂

于志勇

1995年,新疆维吾尔自治区文物考古研究所"中日尼雅遗址联合考察队"在新疆民丰县尼雅遗址(汉晋时期绿洲城邦古国"精绝国")一座高规格的王墓中,发现了一件织有"五星出东方利中国"纹样的织锦(图一)。据考证,这件织锦为射箭时的护臂("射褠"),年代在东汉中后期,即1世纪末至2世纪末。织锦色彩绚烂,纹样诡秘神奇,所载文字激扬,为国内外高度关注,被誉为20世纪中国考古学最伟大的发现之一。

从材质上看,"五星出东方利中国"织锦护臂系用汉代最高规格和纺织工艺水平的华丽织锦为面料裁剪缝

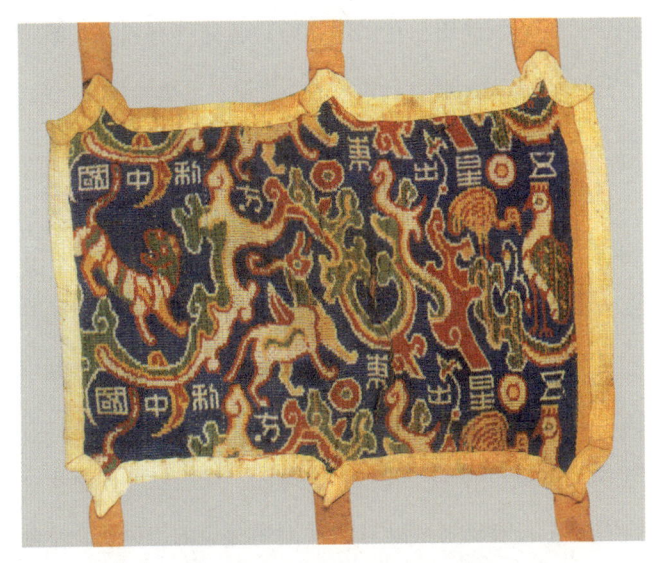

图一 "五星出东方利中国"织锦护臂（东汉中后期。长 18.5 厘米，宽 12.5 厘米；两边缝缀的白色绢带各有 3 条，长约 21 厘米、宽 1.5 厘米。织锦是五重平纹经锦，经密 220 根 / 厘米，纬密 48 根 / 厘米。现藏于新疆维吾尔自治区文物考古研究所）

制而成。边缘缝缀白色绢缘，两边各缝缀有三条长系带（有残断）。出土时，它和弓箭、箭箙、刀鞘等放在一起，昭示着墓葬主人的身份和地位。

汉代，阴阳五行思想、祥瑞观念盛行，凤凰、麒麟、白虎、黄鹄、鸾鸟、神马、神雀、五星、吉祥云纹、甘露、白鹿等重要的大瑞、圣瑞的祥瑞符号，直接影响并应用到了汉锦纹样的程序化设计中。"五星出东方利中国"织锦护臂为云气动物纹图样，并有吉祥语文字。云气纹是文献所称的"景云""卿云""庆云"；动物纹自右至左，依次是可以与文献记述对应的"凤凰""鸾鸟""麒麟""白虎"。花草纹样，为文献所称的"芝草""嘉禾"；多个圆形的圈点纹样，是五星的图案。图案和配色设计以五色见出，真实地显示出五种色彩的经线配色与金、木、水、火、土五行所对应的五种颜色——白、青、黑、赤、黄的密切关系。文字、星纹和祥云纹及凤凰、鸾鸟、麒麟、白虎等祥瑞纹样的和谐组合，具有强烈的道德属性，是古代帝王宣扬"瑞应德化""瑞应有道"观念的典型实物。

引人注目的吉祥语文字"五星出东方利中国",其实是古代天文星占的占辞。在古代中国,历代王朝对历法和天象拥有着绝对的解释权,星占和历法是由皇家史官专门掌管。织锦能够使用"五星出东方利中国"占辞,表明它是由皇家织造,而且织锦幅宽符合汉代二尺二寸的规制。"五星出东方利中国"这一占辞,最早见诸现在已亡佚的战国时期大占星家石申的著述,现存最早见于《史记·天官书》:"五星分天之中,积于东方,中国利;积于西方,外国用(兵)者利。"相同内容也见于《汉书》《晋书》等文献。五星,在现代天文学之中指水、火、木、金、土五大行星,它们在中国史籍之中,分别被称为辰星、荧惑、岁星、太白、镇星。史籍中,五大行星中两颗以上行星聚会在一起,吉凶占验有许多占辞;五星聚合一处的天象出现的概率甚小,在很小的视域空间出现则更为罕见,自然其星占学意义就极其重要:"五星若合,是谓易行:有德受庆,改立王者,掩有四方,子孙蕃昌;亡德受罚,离其国家,灭其宗庙,百姓离去,被满四方。"(《汉书·天文志》)

同一墓葬里，出土了一件与"五星"织锦图案风格完全相同的织锦制品（图二）——织有"讨南羌"小篆文字，织锦文字因此可读为"五星出东方利中国讨南羌"。"五星出东方利中国"星占文字作为祥瑞吉语出现在织锦上，可能与《史记》中记载的"汉之兴，五星聚于东井"史事密切相关。而"五星出东方利中国讨南羌"吉祥语文字的创制，应当是与《汉书·赵充国传》所记汉宣帝派兵讨南羌时"五星聚会"的史事关系密切。

汉代西域都护设立后，开启了西域历史文明的新纪元。中原王朝对西域实施了有效的管辖和治理，使者往来、朝贡、丝路贸易、移民、求法等活动，使中原和西域间政治、经济、军事、文化联系密切。殷实且强大的汉王朝，主导着当时经济文化的主要潮流。商贸交流频繁，使语言文字的相互学习和掌握变得尤为重要和关键。正史文献和考古资料表明，政治和经济商贸领域的交往，丝绸之路的通畅和繁荣，应主要依靠文字，并以汉语为官方语言来实现。楼兰、鄯善、精绝居民，特别是王公贵族、商贾等，不仅对奢华汉锦十分推崇，对织锦及其

图二 "讨南羌"织锦残片

纹样、文字内涵的认识，也具有相当的水准。

"五星"织锦，是汉王朝时期成熟、精湛的丝绸制作技艺的绝佳反映，小小织锦透射出古人的智慧情采光芒，逾千年而益新。"五星"织锦的发现，也揭示出一个重要史实：古代西域历史悠久，文化形态多样，文化因素多元；中原内地文化对西域历史文化的影响，时间久、范围广、规模大、程度深，对西域古代文明发展进程起到了重要推动作用，更是西域古代文明的重要组成部分。

愿"五星出东方利中国"的吉祥祺瑞，激扬图文，开启历史新篇章，激励大家为丝绸之路文化遗产的研究和保护，做出新贡献。

（本文刊于《人民日报》2014年6月22日12版，文中配图由新疆维吾尔自治区文物考古研究所提供）

二

"国宝华光"海上丝路系列

习近平总书记先后提出关于共建"丝绸之路经济带"和"21世纪海上丝绸之路"的重大倡议,让"海上丝绸之路"汇聚世界目光。

人们回视"舟船辐辏,帆樯鳞集"的海上盛景,重新思考文化多样性的种种可能。中国文化是否如黑格尔所说没有受到海洋的影响?古代中国"以海为田"的自给型海洋文明与西方"以海为途"的开拓型海洋文明有着怎样的不同?历史的回眸告诉世界,这是一条筚路蓝缕的文明之路,它带给中国的是开放繁荣,带给世界的是和平共荣。

重新认识"海上丝绸之路",便是重新认识世界,也是重新认识中国。2014年8月,《人民日报》的《收藏》副刊推出"国宝华光·海上丝路系列",以国家一级文物,解码云帆高张、艰涉琼波的远洋探索带来的文明互动。

西亚遗韵：孔雀蓝釉陶瓶

毛 敏

1965年，福建省博物馆（现为福建博物院）在福州北郊莲花峰南麓，清理了五代十国时期闽国第三代君主王延钧之妻刘华墓。该墓早年被盗，大部分物品被洗劫一空，只清理出三件波斯孔雀蓝釉陶瓶（其中之一见图一）和一组颇有盛唐遗风的陶俑。其中特别引人注目的是三件波斯孔雀蓝釉陶瓶，这是我国最早发现的孔雀蓝釉类器物。其器型硕大、造型独特、釉色新颖，受到国内外专家的广泛关注。

这三件瓶子，均为小口、长鼓腹、小底，状如竖立的橄榄。其口径和底径均为10余厘米，腹部却有40余厘米，高度近80厘米。这种中间大两头小的造型，器

图一 孔雀蓝釉陶瓶

物稳定性较差。瓶子表面施一种间于蓝、绿色之间的釉色,釉层较厚,学界将此种釉色习称为"孔雀蓝釉"或"孔雀绿釉"。从瓶底的胎来看,其断裂面呈淡红色,质地疏松,可见其烧制温度较低,尚未达到瓷器标准,当为釉陶类器物。然而这三件陶瓶表面装饰有所不同,其中两件在颈肩部附有三个小立耳,上腹壁贴塑三组拱形纹饰,下腹部有一道粗绳状贴塑纹;另一件在颈肩部附有四个小立耳,腹壁环贴四道粗绳状纹饰。

无论是釉色、造型还是纹饰,这三件孔雀蓝釉陶瓶在我国此前的考古发掘中从未发现,所以它们不太可能是我国古代窑口的产品,而应该是由国外传入。那么,它们的产地是何处呢?

古代西亚波斯地区,素以制陶著称,器形多为瓶、壶类,器物表面喜施黄、蓝等釉色。孔雀蓝釉类器物在西亚诸国发现较多,如伊拉克的萨马拉遗址、伊朗的西拉夫遗址、巴基斯坦的班布尔遗址等都有出土。尤其是在伊拉克地区,曾出土多件和刘华墓孔雀蓝釉陶瓶几乎一模一样的器物。由此,研究者经过深入探讨后认定，这三件陶瓶的产地应是西亚的波斯地区，时代为9世纪前后。由于这一时期波斯王朝早已成为历史，因此也有学者提出应将其统称为"西亚伊斯兰孔雀蓝釉陶器"。

西亚的陶器又是如何来到中国的？这与当时发达的海外贸易有直接关系。8世纪以后，由于唐朝与西域诸国之间政治关系的复杂化，陆上丝绸之路的通行愈加困难。"安史之乱"后，北方经济遭到极大破坏，中国的外贸中心随着经济中心逐渐南移，海上丝绸之路蓬勃发展。在刘华墓发现孔雀蓝釉陶瓶之后，我国福州、扬州、宁波、桂林、容县、广州等地也有类似器物发现，其中除桂林和容县外，均为9、10世纪我国重要的港口城市，这从一个侧面证明了当时海路贸易的繁荣昌盛。

需要说明的是，孔雀蓝釉陶器大多质地疏松，不及本土瓷器细密，其纯为使用目的进口的可能性不大。在我国古代文献中，香料、香水、葡萄酒等通过海上贸易进口的记载不绝于书，此类器物应是作为液体类商品的储运器而使用。由于发现量较少,据推测,商品销售之后,此类器物可能会再装满东方物品返运回西亚。

福建地处中国东南沿海，具有海外交通的天然优势。五代闽国时期，统治者积极发展对外贸易，"招来海中蛮夷商贾"，发"蛮舶"到海外经商，大大推动了福州海外贸易的蓬勃发展，形成"填郊溢郭，击毂摩肩"的繁荣景象。刘华墓出土的孔雀蓝釉陶瓶就是通过海外贸易来到福州的，由于这三件器物外形有差，可能并非一次性输入并被收藏的。

值得一提的是，在刘华墓中还发现了三件"石雕覆莲座"，均为扁圆形，中间凿圆孔。由于刘华墓被盗，墓内器物均被移动位置，这三件石座的用途不明。待孔雀蓝釉陶瓶发现之后，人们才恍然大悟，这两者刚好成套，石雕覆莲座当为孔雀蓝釉陶瓶的底座。原因是，三件陶瓶在刘华墓中作为"长明灯"使用，其本身器形不够稳定，装入燃油后更甚，造墓者为了保持其稳定性而制作了这三件石座。

无疑，波斯孔雀蓝釉陶瓶具有特殊的历史、文化、艺术价值，不仅对中外陶瓷交流史的研究具有重要意义，也是古老的中华民族与西亚地区人民通过海路友好往来的实物见证。

（本文刊于《人民日报》2014年8月17日12版，文中配图由福建博物院提供）

帆影茗韵：越窑青瓷荷叶带托茶盏

莫意达

浙江省宁波博物馆藏有一件国内罕见的唐代越窑青瓷荷叶带托茶盏（图一）。此件唐代茶具为1975年宁波市和义路码头遗址出土，由茶盏和盏托组合而成，胎质细密，釉色青翠，莹润欲滴。

带托茶盏通体高6.6厘米，口径11.8厘米，足径6.6厘米。茶盏为敞口五曲荷花形，腹部弧形且压印五条棱线，圈足。盏托四边微微卷起，浅腹，圈足。茶盏与盏托相结合，宛若一片风中的荷叶托着一朵盛开的荷花，在清波涟漪的水面上随风飘荡。

"九秋风露越窑开，夺得千峰翠色来。好向中宵盛沆瀣，共嵇中散斗遗杯。"唐陆龟蒙《秘色越器》诗中

图一　越窑青瓷荷叶带托茶盏

始见"越窑"之名,然越窑是我国古代历史最悠久、影响最为广泛的瓷窑体系,不仅是汉魏晋六朝中国南北瓷业之翘楚,而且是唐代六大名窑之魁首。越窑是对浙江东北部宁绍一带宋以前瓷窑的统称,其自东汉创烧成熟瓷器,先后经历三国西晋之鼎盛期、唐五代之全盛期,至北宋晚期趋于衰落。现慈溪上林湖区域则是自唐代开始越窑的中心窑场,唐宋时期朝廷先后在此设立"贡窑"和"置官监窑",大量烧制秘色瓷。

唐五代时期是越窑发展的巅峰,代表了青瓷的最高水平。茶圣陆羽在其《茶经》中认为:"碗,越州上,鼎州次,婺州次,岳州次,寿州、洪州次。"唐人更是对越窑青瓷不吝赞美之词:孟郊《凭周况先辈于朝贤乞茶》有"蒙茗玉花尽,越瓯荷叶空",施肩吾《蜀茗词》有"越碗初盛蜀茗新,薄烟轻处搅来匀",皮日休《茶瓯》诗句:"邢客与越人,皆能造兹器。圆似月魂堕,轻如云魄起。"瓯因茶而幽深青翠,茶因瓯而飘香绕梁,在饮茶之风盛行的唐代,类冰似玉的越窑青瓷与浓郁茶香相得益彰,为唐人品茗增添了无穷的高雅情趣。

唐代越窑青瓷讲究器形的丰富多变和线条的柔和匀称，且以概括提炼瓜果花叶造型为最显著的时代特征。这件越窑青瓷荷叶带托茶盏，其荷叶造型不仅是唐诗人"越瓯荷叶空"的生动写照，而且也反映了受唐代时代风尚和审美情趣影响下的越窑青瓷崇尚自然、注重生活情趣的时代风格，给人以自由、舒展、活泼、亲切之感。而其细腻之胎质、均匀之釉层、浑厚莹润之手感，亦充分展示了越窑青瓷"如冰类玉"之特点。从釉色上看，此件茶盏釉色青黄，与法门寺出土的"秘色瓷"兼具青绿和黄绿两种釉色不谋而合，且同样釉色莹润、色泽光亮。可以说，越窑青瓷荷叶带托茶盏完美地诠释了越窑青瓷器形和胎骨"圆似月魂堕，轻如云魄起"、瓷质和釉色"姿如圭璧，色如烟岚"这一独特的意境，为越窑青瓷中上品之作。

越窑青瓷不仅在国内深受官僚贵族和劳动人民的普遍喜爱，而且也成为唐五代宋初中国外销的重要商品之一（图二）。依托于宁波这一海上丝绸之路主要始发港，越窑青瓷至迟在东晋时期已随僧侣商人输往海外，唐代

帆影茗韵：越窑青瓷荷叶带托茶盏

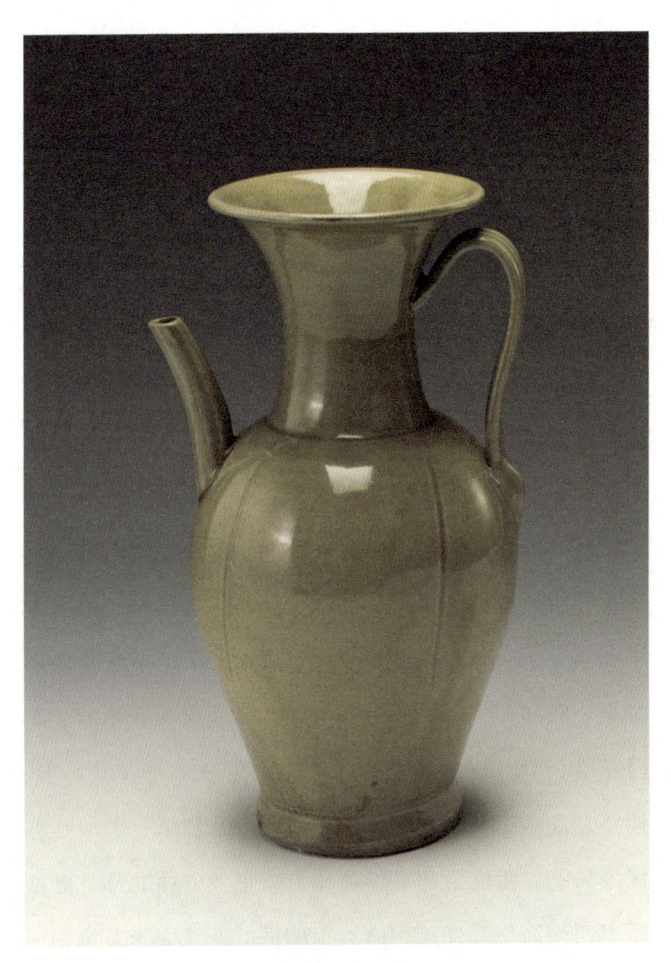

图二　越窑青瓷瓜棱执壶

开始大规模输出，晚唐至北宋达到了外销的鼎盛时期。1975年，与这件越窑青瓷荷叶带托茶盏同时出土的还有其他大量的越窑青瓷。经研究，宁波和义路码头以及东门口码头、古江厦码头都是当时重要的海运码头。在这些码头及码头附近出土的越窑青瓷，原都是准备通过海上丝绸之路销往国外的产品。

而与之相对应，从目前发现的海外遗存来看（图三），越窑青瓷分布在太平洋西海岸和印度洋、阿拉伯海沿岸亚非国家和地区的中世纪的都城、枢纽港口、贸易集散地遗址，佛教、伊斯兰教的寺院和祭祀遗址，以及宫殿建筑和贵族墓葬遗址等，形成了朝鲜半岛南部、西南海岸和东南部，日本九州、京都、奈良，泰国马来半岛东海岸、南部，马来西亚沿海地区，印度尼西亚爪哇、苏门答腊、苏拉威西、加里曼丹岛及其他岛屿，菲律宾吕宋、棉兰老岛、巴布延、民都洛、宿务以及和乐、卡加延苏禄等岛屿，印度沿印度洋海岸，斯里兰卡西北部，巴基斯坦西南海岸和印度河畔，伊朗沿波斯湾海岸及境内，伊拉克底格里斯河流域，沙特阿拉伯波斯湾沿岸，阿曼

帆影茗韵：越窑青瓷荷叶带托茶盏

图三　印度尼西亚井里汶沉船出土的唐越窑青瓷

湾，埃及红海沿岸和古都福斯塔特，苏丹红海沿岸，肯尼亚东南海岸及海域，坦桑尼亚基尔瓦岛等亚非国家和地区在内的庞大的越窑青瓷贸易网络。

可以说，越窑青瓷是我国最早大批量销往海外的贸易陶瓷。随着越窑青瓷的大量外销，制瓷技术也随之外传，并影响了他地制瓷业和制瓷技术的发展。正是由于越窑制瓷技术的无保留传播，朝鲜半岛的高丽青瓷在短时间内迅速赶上甚至超越越窑青瓷，并一度向越窑青瓷发源地浙东地区输出。日本的制陶业也模仿越窑青瓷，名古屋东边的猿投窑烧制的器物在造型、釉色、纹饰上都与越窑相似。而在9世纪至10世纪越窑青瓷大量输入的埃及，也仿越州窑瓷，到11世纪，其仿制的陶器在器形、釉色、刻画纹饰上与越窑青瓷已经十分相似。

因此，这件越窑青瓷荷叶带托茶盏不仅是越窑青瓷的珍品，出土于海运码头的它，更是见证了越窑青瓷扬帆海外的辉煌和中国古代海上丝绸之路的历史脉动。

（本文刊于《人民日报》2014年9月14日12版，文中配图由宁波博物馆提供）

波斯来风：南越王墓银盒

李 郁

1983年，在广州西汉南越王墓主人棺椁的"足箱"内，一件精美的银盒（见图一）因新颖、独特的蒜头凸纹而为人注目。因为这件器物与同一时期波斯一带的器皿风格极为接近，所以专家称之是岭南最早的"舶来品"。

这件银盒，盖身相合，呈扁球体；盖面隆圆，顶部有两圈凹线弦纹（图二），构成一圈宽带。银盒盖的外周及腹部为对外交错的蒜头形凸纹，错综有序、交相辉映的明暗对比，使全器折射出贵金属器皿独有的美。制作工艺上，蒜头纹样是用模子压着锤揲而成，盖与身相合处的上下边缘用一匝穗状纹带作装饰，穗状纹带表面有极薄的镏金，是我国发现的汉代及其以前镏金器物中

国宝华光

图一 广州西汉南越王墓出土银盒

图二 广州西汉南越王墓出土银盒盖顶图

所从未见过的。正是这条穗状腰带，巧妙地将银盒分为上下两部分，将整件器物装点得分外玲珑、娇俏，如一位美丽少女腰间的丝带，细致而不张扬。

最为有趣的是，这件器物竟有两处经过加工改良：一处是银盒盖顶部的三个银锭形的小凸榫，可以明显看出是后来加上去，用银焊接固定而成的；另外一处是银盒底部的铜圈足座，也是先在银盒外底的正中间，用银焊固定一个圆柱状的凸榫，铜圈是另铸的。根据发掘时对器物的测试，银盒所含的金和铜都是微量的，但盖钮金和铜的含量比银盒本身要大两三倍，两种银的质地差异很大。同一墓中出土的银锭，其中金和铜的含量与盖钮的基本接近，表明银钮所用的材料和银锭可能是同一来源。由此表明，此银盒传入中国后，又依照中国汉代盒的形制——盖上有钮，器底附圈足的特点进行了再设计。并且，盖面上的三个凸榫，上面都刻有编码，应是为了当时便于安装钮饰时对号入座。盖面两处刻有该器物的容量铭文（图三）："名曰百卌一"和"一斤四两右游一私官容三升大半□"。

南越王墓银盒通高12.1厘米、腹径14.8厘米、器重572.6克。从造型到纹饰，银盒都与中国汉代及其以前金属器皿的风格截然不同，但在西亚波斯帝国时期的金银器中却不难找到类似的标本。银盒所使用的锤揲工艺也是汉代所没有的。所谓"锤揲"，就是充分利用金银质地比较柔软、延伸性强的特点，用锤子敲打金、银块，使之延伸展开成为片状，再根据要求打造成各种器形和纹饰。这种技术是在古波斯阿契美尼德王朝时代兴盛起来的（图四），安息的金属工匠继承并发展了阿契美尼德时代以蒜头凸纹为装饰的风格（图五）。所以在西亚波斯帝国时期的金银器中蒜头纹饰的标本很容易找到。

这件宝物又是怎样从遥远的波斯帝国来到岭南的呢？

据史籍记载，古代东西交通之道有两条，一是北方的陆路交通，由西亚经帕米尔高原下塔里木河进入中国新疆；二是南方的海路，由波斯湾经印度洋从广东进入中国。这两条古代通商之路就是我们今天所说的陆上丝绸之路和海上丝绸之路。在汉代，中国已经通过海上丝绸之路与大秦、安息国有间接交往。在《后汉书·西域

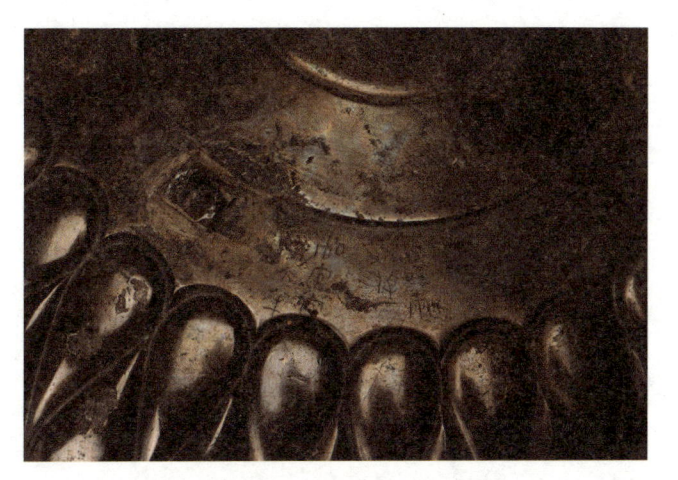

图三　广州西汉南越王墓出土银盒局部图

图四　古波斯薛西斯王金筐罍考古线图

图五　安息银筐罍考古线图

波斯来风：南越王墓银盒

传》中有记载："和帝永元九年,都护班超遣甘英使大秦,抵条支。……十三年,安息王满屈复献师子……"汉朝和东亚、东南亚诸国更是有经常性的贸易。《汉书·地理志》有记载:西汉政府的船队先后到达东南亚诸国,其范围大致在今天的马来西亚、苏门答腊至缅甸南部以及印度半岛的南部。广州是海上丝绸之路的发祥地之一,从秦汉至今一直是我国重要的贸易港口和通商口岸。安息帝国坐落于地中海的罗马帝国与中国汉王朝之间的丝绸之路上,由于与汉王朝交往密切,银盒从遥远的波斯经海上丝绸之路来到广州就不足为怪了。

耐人寻味的是,同一时期的山东临淄齐王墓陪葬坑、云南晋宁石寨山十二号墓,各出土了一件蒜头凸纹银盒、一件蒜头凸纹镀锡铜盒(图六),形制大致相同。学者们一般认为,临淄齐王墓银盒与南越王墓银盒一样,应是经由海上丝绸之路传入中国。至于云南晋宁石寨山十二号墓出土的蒜头凸纹镀锡铜盒,学界认为它是根据安息风格的蒜头凸纹器物式样仿制而成,也根据中国汉代盒的形制进行了添改:盖上有钮,腹下有足圈。不论

图六　蒜头凸纹镀锡铜盒（云南晋宁石寨山十二号墓出土）

是局部加工添改还是改良仿制，都说明了早在2000多年前南越先民和滇民面对舶来之物，并非一味拿来主义，而是具有为我所用、因地制宜、择善而从的创新精神。

尽管一件文物只是海上丝绸之路大背景中的一块碎片，但它的珍贵正在于通过追溯这件文物的历史，让我们得以了解 2000 多年来南海海域的先民在推动海上贸易和文化交流中付出的热忱和不懈努力。对历史的追溯，可以激发我们去思索今天该如何通过丝绸之路，再次促进中国和世界各国的贸易往来和文化交流，让这一条古贸易之道重新焕发生机。

（本文刊于《人民日报》2014 年 10 月 19 日 8 版，文中配图由西汉南越王博物馆提供）

北朝造像：蝉冠菩萨像

井 娟

山东博物馆收藏有一件石雕菩萨像，由于菩萨像宝冠的正中雕刻有蝉纹，所以被命名为蝉冠菩萨像（图一）。

蝉冠菩萨像高 120.5 厘米，头部雕刻有巨大圆形光轮（图二）。菩萨衣着得体，戴高冠、披帛带、着长裙；装饰也十分华丽，佩项链、嵌宝珠。菩萨像身躯修长，衣服略薄而贴体，衣褶密而不厚，整体呈现受北魏晚期影响的东魏造型，并有北齐薄衣透体的造像新风，距今约1500年。

蝉冠菩萨像作为佛教沿海上丝绸之路在山东地区传播发展的鼎盛之作，对于研究佛教文化的传播及山东地区佛教造像的发展有重要意义。佛教约于两汉之际传入

图一　蝉冠菩萨像

北朝造像：蝉冠菩萨像

图二 蝉冠菩萨像头部

我国，有陆路和海路两种传播途径。其中海上丝绸之路是佛教由印度半岛传入我国东南沿海的山东、江苏等省进而传入中原，再传播到朝鲜、日本等国家的重要途径。早期的佛教传播中，有不少外国或中国僧人取道海上丝绸之路，他们在中国的港口城市停顿休整，有的干脆在当地修建寺庙以弘扬佛法，著名的有菩提达摩、法显等。地处沿海的山东，是中国最早出现佛教图像的区域之一，佛教的传播与发展十分兴盛，目前出土有大量造型精美、风格独特的佛教造像。

山东的佛教造像，充分利用了海上丝绸之路等交通条件，融合了东南亚、中亚等多地造像的艺术精华，体现出文化上的包容性、开放性和创造力。北朝时期，以造像题记分析，山东造弥勒佛像最多，并且单体菩萨像数量在佛教造像中占有相当大的比例，局部地区可达60%以上。蝉冠菩萨像上没有题记来证明其身份，但从面相到体态，都近于青州龙兴寺出土的东魏天平三年（536年）邢长振造释迦三尊像和尼智明造三尊像的胁侍菩萨。

有蝉冠的雕像在世界上十分罕见，至今只有在山东青州地区北朝石雕造像中发现两例，此尊菩萨像是其中保存较好的一例，弥足珍贵。蝉冠是指装饰有蝉纹的帽子，最早出现于汉代，是当时常伴皇帝左右的侍从官专门佩戴的帽子。魏晋南北朝时期，侍从官权力日益强大，甚至超过宰相，作为侍从官身份标识的蝉冠也日渐成为权贵的象征，为一般官员所追捧，以致"每朝会，貂蝉盈坐"。隋唐时期，蝉冠的佩戴有严格规定，局限在少数官员的范围内；唐代以后官员不再佩戴蝉冠。关于被明确为蝉冠的实物资料，最早当是山东出土的两件蝉冠菩萨石像，也曾发现多例晋代的蝉纹金牌，有人认为金牌是官帽上的蝉饰，但尚无确切的证据。

官员的帽子上为何装饰蝉纹？东汉人应劭认为蝉具有"居高食洁，目在腋下"的特征，戴蝉冠被喻为韬光养晦、默默奉献。可见蝉冠的这种寓意应是以儒家道德为准则的。

菩萨是佛教信徒崇拜的偶像，菩萨像为何也装饰蝉冠？或许因为当时的僧侣将佛比拟人间皇帝，所以在佛的胁侍菩萨冠上雕饰蝉珰。从出土、脱壳,到升树、高鸣,蝉的生命象征着生命的复活和事物的循环。早在商周时期,青铜器上的蝉纹已十分常见。这一时期,人们将蝉视为自然界的灵物,并作为祭祀的对象,刻画在礼器上作为装饰图样,以此祈求四时风调雨顺,农作物丰收。到汉代,贵族墓葬中的墓主人口中常常含着一块玉,做成蝉形,除了相信玉能保持尸体不腐朽之外,还祈求尸体能像蝉一样复活过来。早期中国的道教更是以"蝉蜕"来比喻人类羽化成仙,蝉也成为仙界的灵物、不死的象征。中国早期佛教接受了本土民间神仙思想和道教观念,把佛和菩萨视为神仙,因此在菩萨冠上装饰蝉纹,也是佛教造像中国化的一个极好例证。

历经千年的磨砺与洗礼,蝉冠菩萨像作为青州地区南北朝佛教造像的经典,依然闪耀着造像鼎盛期的光芒。然而在菩萨睿智的微笑背后,还隐藏着一段曲折的故事。

1976年,山东省博兴县一位村民在挖土垫房基时,无意间挖出了一些佛像。这些佛像整齐地摆放在土坑中。县文物部门闻讯赶到出土地点时,很多佛像已经被村民当作石料挪作他用。经过几年的辛苦努力，文物工作者完成了对这批佛像的抢救、征集、修复等工作，最终获得造像、座等残件七十三件。蝉冠菩萨像就是其中一件，是当地的文物工作者用了三年时间先后三次从三个村民家中分别找到，之后拼接成为一尊断臂的菩萨像。然而，1994年7月一个大雨滂沱的深夜，收藏在博兴县文物管理所的蝉冠菩萨像竟不翼而飞。直至1999年12月，一封神秘的来信透露了蝉冠菩萨像的迷踪——中国社会科学院考古学者杨泓先生收到一本从广州匿名寄来的日本美秀博物馆展览图录，在印有蝉冠菩萨像的那一页，夹有国内考古期刊的复印件，其中一张白纸上写有"国宝"二字。原来，蝉冠菩萨像被盗后流转到英国文物市场，1995年被日本美秀博物馆花巨资购得，成为该馆的展览文物。确定为中国的被盗文物后，我国政府尝试用外交手段收回国宝，在国际友人的协助下，美秀博物馆同意无偿归还文物，并提出每五年去日本美秀博物馆展览一次的要求，中方答应了这一有利于双方交往和友谊的条件。2008年1月，在外"流浪"长达十四年的蝉冠菩萨像终于回到故乡山东,入藏山东博物馆。

如今,蝉冠菩萨像静静地矗立在山东博物馆的展览大厅里,细细讲述着海外"流浪"和重返故土的曲折经历,见证着历史的变迁与文化的交流碰撞,蝉冠菩萨像依然面带微笑,表达着人们对世界和平和美好生活的向往。

(本文刊于《人民日报》2014年11月2日11版,文中配图由山东博物馆提供)

真若烟雾：褐色罗印花褶裥裙

丁清华

丝绸之路，因丝绸而得名。离开了丝绸，丝绸之路就失去了它神秘而曼妙的色彩。海上丝绸之路不仅将丝绸的贸易推向了顶峰，还开拓出陶瓷之路、茶叶之路、香料之路……

古罗马人用"天下第一织物"称赞丝绸，古罗马帝国豪奢的消费之风，曾促使丝绸成为欧亚大陆上利润最为丰厚的商品之一，无疑也是东西商贸之路上最重要的商品之一。作为我国丝绸考古的重要发现，福建南宋黄昇墓丝织品的发掘成果，尽管随葬品仅仅是一位十七岁早逝的贵族少妇日常使用衣物，但其丰富仍可见墓主人身份的显贵和贵族对丝绸制品的迷恋。

宋代，福州呈现一片"潮回画楫三千只，春满红楼十万家"的海外贸易繁荣景象。福州作为丝绸之路贸易大港的历史地位在宋代逐步走向顶峰，衣食住行等无不体现了这一时代特征。黄昇墓随葬的衣物及丝织品，充分说明了宋代贵族妇女服饰之优雅，已达到中国服饰之巅峰。黄昇（1226—1243），乃宋太祖赵匡胤第十一世孙赵与骏之妻，其父亲黄朴曾是泉州知州兼提举市舶司，而其丈夫的祖父赵师恕以朝议大夫、直徽猷阁知南外宗正司事，主管外居泉州宗室宗子的属籍、教育、赏罚等事宜。南宋宗室贵族的身份以及娘家地位的显赫决定了黄昇墓葬品的不同凡响。

黄昇墓葬出土器物共四百三十六件，成件的服饰及丝织品多达三百五十四件，其中服饰二百零一件，整匹高级织物及面料一百五十三件。随葬的服饰和丝织品品种繁多，面料上囊括了古代高级织物绫、罗、绸、缎、纱、绢、绮等，多为生织匹染的家蚕丝织物，质地比较坚实；衣物的款式、功能也极为齐全，包括娘家为她精心准备的陪嫁和夫家为其添置的华贵的四季衣裳，除了常见的袍、衣、背心、裤、裙、抹胸、围兜、围件等二十多种，甚至连香囊、荷包、卫生带、裹脚带这样的小件物品也包含其中。

  这批丝织物将宋代女性，特别是皇室女性日常生活的奢华与娇美全方位地展示在世人面前。宋代诗人陆游曾形容当时的高级丝织物："举之若无，裁以为衣，真若烟雾。"高级丝织物的质地轻薄飘浮，质感细腻滑嫩，是当时国内外贵族们竞尚华美、争相追逐的时髦衣着布料。"罗"便是其中的一种，它较为轻薄、透气，其外表特点是稀疏、有空隙，并有皱感。黄昇随葬衣物中罗制的裙子就达十五件，其中褐色罗印花褶裥裙（图一）是保存较好的一件，质地透明轻薄，形如折扇，上窄下宽，由四片透明的细罗制成，每片均纵直褶裥，褶子疏密有致，并印有金色圆点小团花，可见的透明质感充分展现了罗裙"百叠漪漪水皱，六铢继继云轻"的飘逸灵动，如若烟尘。同墓葬出土的深烟色牡丹花罗背心（图二）也是"举之若无"的典范，其重仅16.7克，整件背心不仅轻盈若羽，而且剔透似烟。现藏于台北"故宫博物院"的传世宋人画作《花石仕女图》，可视作对于宋代女性

图一　褐色罗印花褶裥裙

图二　深烟色牡丹花罗背心

服饰中背心及背子穿用方式的图像注解——画中一位戴高冠的仕女,身着一件薄纱罗的背子,肩、胸与双臂隐隐裸显在朦胧的纱罗中。

中国是最早家养桑蚕和缫丝织绸的国家,有着5000多年的可考历史。隋唐时期,中国的丝绸产区已经出现黄河流域、巴蜀地区及长江地区三足鼎立的局面,丝绸产品通过东海线和南海线,分别输往朝鲜半岛、日本和东南亚、印度乃至越印度洋,抵达红海,经陆路转运至欧洲。频繁的海上丝绸贸易,正是促进丝绸制作技术长足发展的动力。要制成像黄昇墓褐色罗印花褶裥裙一样精美绝伦的高级服饰,不仅对缫丝技术有着很高的要求,同时在用纺车、线架等工具进行的拈丝、络纬等技术方面也都要十分先进。

由于南宋政治中心南移,福建又恰处宋廷所控海岸线中心,大宗的丝绸出口在市舶司收入中占有巨大的比重,为此,宋时福建的丝织业也呈现繁荣景象。黄昇墓随葬的这批丝织品的织造技术在继承传统技法的基础上,又有新的创制,代表了宋代新工艺的成就。同时,服饰制作样式极为考究，质地比较轻薄，在服装缀饰上广泛运用泥金、印金、贴金、彩绘、刺绣等装饰技法。别具一格的织造技术与国内其他地方已出土的宋代丝织品有所不同，推测黄昇墓的丝织品应为福建当地制造的产品。从这批丝织品实物分析看，当时福建各地的栽桑、养蚕、缫丝、织绸各个方面的生产技术都得到了全面发展。

中国的丝绸制品在周边国家也受到广泛欢迎。现藏于日本东京国立博物馆的应梦袈裟在浅蓝色斜纹地上印金，图案为阿拉伯风格的卷草牡丹，具有典型的宋代装饰风格。根据《日本高僧传》记载，应梦袈裟是与黄昇同一时期的佛教大师——无准师范（1179—1249）所用之物。但据研究考证，这件袈裟上所展示出的娴熟印金技术与黄昇墓出土的印金之物十分相似。

黄昇墓丝织品的出土，说明宋代福建的丝织品工艺已经达到了不起的高度，同时也可推断福建是古代丝绸畅销国外的重要生产基地，以及海上丝绸之路的重要始发港口。

（本文刊于《人民日报》2014年11月16日12版，文中配图由福建博物院提供）

汉侯金印：广陵王玺

崔小英

南京博物院现藏有一枚刻有"广陵王玺"（图一）的金印。该印由纯金铸成，精巧玲珑，光灿如新。印体呈方形，上立龟钮，龟首扬起，龟足撑地，龟背铸有六角形图案，龟甲边缘、双眼、四足等部位錾有圆珠纹。印体边长2.3厘米，厚0.9厘米。印通高2.1厘米，重122.8克。印面阴刻篆文"广陵王玺"四字（图二），布局疏密有致，字体端庄凝重，刀法遒劲老练，是汉印中的珍品。

经考证，广陵王玺是东汉时期的印玺，其出土和所有者的推断还要从1980年南京博物院主持的一次考古发掘说起。

国宝华光

图一 广陵王玺

图二 广陵王玺印面及玺文

— 174 —

1980年春，南京博物院对位于江苏省扬州市邗江县境内甘泉山上的一座大型砖室墓进行了抢救性发掘，墓中的出土文物和高规格的墓葬形制，均显示出墓主人曾经拥有显赫的地位。其中的一件"铜雁足灯"，盘沿上铸有"山阳邸铜雁足长镫建武廿八年造比十二"铭文。"建武"为东汉光武帝刘秀的年号，据《后汉书·光武十王列传》记载，东汉光武帝刘秀的第九个儿子刘荆，在建武十五年（39年）被封为山阳公，十七年（41年）晋爵为山阳王。中元二年（57年），光武帝去世，汉明帝刘庄继位，徙封刘荆为广陵王，并遣之国。然刘荆终因谋反败露自杀，朝廷取消了广陵国，将其改为广陵郡，从此再未封广陵王。"山阳邸""建武廿八年"等字样，显示出墓主人和广陵王刘荆密切的关系，但由于缺少实证，一时无法确定墓主人身份，人们就把这座墓命名为"甘泉二号汉墓"。

1981年2月，邗江县的一位村民在"甘泉二号汉墓"周围发现了一枚刻有"广陵王玺"的金印，后经专家核实，确定这枚金玺就是"甘泉二号汉墓"的随葬品，并认定"甘泉二号汉墓"的主人是东汉广陵王刘荆。广陵王玺也就是东汉广陵王刘荆的佩印。

玺印制度在汉代便已形成了统一规范,汉王朝会给分封的刘姓诸侯王和臣服国的君王颁发金玺或金印。关于《后汉书·舆服志》徐广注云"太子及诸王金印,龟纽,纁朱绶"的汉代印章制度,"徙山阳王荆为广陵王"的关于汉代诸侯国的记载,以及关于汉代诸侯王玺别称"方寸之印"的说法,随着广陵王玺的出土都一一得到了印证。而关于汉代诸侯王玺多为镏金,西汉武帝元狩四年(前119年)以前称为玺、之后皆称印等说法,也随着广陵王玺的出土被推翻。虽然汉王朝分封了不少诸侯王,但迄今传世或出土的诸侯王玺却十分罕见。中华人民共和国成立后出土的朔宁王太后玺、滇王之印等虽符合汉代绶印制度,但均非汉室正统诸侯王印。而广陵王玺是我国可见的唯一出自地下的汉代诸侯王金玺,其价值珍贵可想而知。

同时,广陵王玺证实了"倭之奴国"接受汉王朝封赏历史的真实性,开启了中日交往史研究的新篇章。

正面　　　　　上面　　　　　印面

图三　汉委奴国王金印

广陵王玺常和滇王之印、汉委奴国王金印（图三）被一并提起。1784年，日本福冈志贺岛出土了一枚刻有"汉委奴国王"的金印，有人认为这是中日交往的最早证明，但一直存在异议。1956年，云南晋宁石寨山遗址出土的滇王之印，在尺寸、质地及印钮等各方面与汉委奴国王金印相似，一定程度上证明了汉委奴国王金印的真实性。直到1981年广陵王玺出土，其尺寸、重量、花纹、雕法和字体等与汉委奴国王金印如出一辙，甚至可能出自同一工匠之手，加之文献关于汉委奴国王金印和广陵王玺绶印时间的记载分别为建武中元二年（57年）和永平元年（58年），前后仅相差一年，所以，广陵王玺的出土，大大提高了汉委奴国王金印的真实性，进一步证明了《后汉书·东夷列传》"建武中元二年，倭奴国奉贡朝贺，使人自称大夫，倭国之极南界也。光武赐以印绶"记载的真实性，同时也与汉委奴国王金印一起成为中日两国交往的最早的实物证据。

事实上，中日两国一衣带水，早在秦时就有"徐福求仙，东渡日本，传播养蚕技术"的传说，日本古史也有"西汉哀帝年间，中国的罗织物和罗织技术传入日本"的记载。广陵王玺对汉委奴国王金印真实性的证实，第一次从历史的角度证实中日之间的交往，表明至少在西汉时期中国与日本的海上交通已经通达，具备海上航行的技术条件。同时也在一定程度上表达了我国秦汉时期的海疆治理经略对海外国家的影响力。中国东海航线上的这条丝绸之路，在之后的绵延千年里，在政治制度、文学艺术、社会风俗、生活习惯等各方面，都对日本产生了深远影响。

时隔千年，广陵王玺作为海上丝绸之路上文化交流的重要物证，与其他历史遗存一样，见证着中国与世界的友好交往，而这种和谐友好的交往方式，也必将在充满活力的21世纪海上丝绸之路的共建中得以代代传承。

（本文刊于《人民日报》2014年12月14日12版，文中配图由南京博物院提供）

中西合璧：景教四翼天使墓碑石

李静蓉

古代泉州既是东西文明的重要交汇点，也是多种外来宗教的传播中心之一。这里曾经生活着一个庞杂的宗教团体——景教。景教是唐代对拜占庭帝国国教基督教之宗派"聂斯脱利派"的称呼。其教徒主要来自西亚和中亚地区，也有随蒙古军队南下的西北民族以及当地的汉族，甚至也有可能从印度而来。正因为景教团体有复杂的民族背景，才造就了景教石刻独特而丰富的图像特征。

1975年，泉州东门外的仁风街出土了一件元代的景教四翼天使墓碑石（图一），现为泉州海外交通史博物馆所收藏。该墓碑石用泉州当地出产的辉绿岩制作而

中西合璧：景教四翼天使墓碑石

图一　元代景教四翼天使墓碑石

成，碑高53.5厘米，底宽51厘米，厚9.5厘米。碑刻仿壶门造型，作尖拱状，尖拱下镂空。碑面浮雕一位男性天使跌坐于云彩上，头戴三尖冠，两耳垂肩，脸庞丰盈如满月，披着云肩，颈饰璎珞，手捧莲花十字架在腹际；背后两对展开的羽翼饱满有力，两条飘带从胁下而出，绕过羽翼向上扬起。其实，类似四翼飘带天使造型的碑石早在20世纪初就已经由西班牙神父任道远发现，并由法国著名汉学家伯希和发表在1914年的《通报》上，由此泉州景教引起国际学术界关注。这两件四翼天使造型的碑石堪称泉州景教艺术的精品，遗憾的是，伯希和发表的那件石刻已失传。

倘若泉州景教四翼天使墓碑石上没有十字架等具有外来宗教特征的元素，这便是一尊具有飞天特征的"菩萨"了，尤其是那轻舞飞扬的飘带，是中国飞天的典型特征。这种飘带天使的刻画在泉州景教石刻中常见，而且造型丰富多样。在这件石刻上还可以寻找到许多元代的流行元素，如天使所披戴的云肩，是元朝贵族妇女的流行披饰；天使跌坐的云彩，采用的也是当时流行的如意卷云纹造型。简言之，泉州景教石刻艺术融入了不少中国佛教以及世俗的元素。

这尊天使还拥有两对展开的翅膀。在人类的原始信仰里，有了翅膀，就可以自由穿梭，东西方据此都各自发展出相关的文化，如中国的羽人和西方的有翼天使。"羽人"是在中华文明体系内独自发展形成的，但由于道教思想的地域局限性，加上外来宗教的冲击，并没有产生持续影响。泉州墓碑石天使的羽翼当属异域的文化符号。

在古希腊与古罗马的神话以及波斯文化传统中都有羽翼形象。希腊文化和波斯文化互相影响，并贯穿在早期基督教的发展中，随着基督教的对外传播，扩大了有翼天使的影响。基督教的天使往往是双翼，四翼形象比较罕见。对泉州四翼天使这种奇特的造型，德国学者艾克博士认为是"古希腊和波斯有翼神像与基督教的天使相合并"的产物。其实，这种四翼天使与景教早期活动的文化背景有很大联系，可追溯到波斯文化的亚述传统。

唐代传入中国内地的"聂斯脱利派"创立者聂斯脱

利，生于叙利亚，428年被任命为君士坦丁堡主教，因主张基督的神性和人性分离，拒绝承认圣母玛利亚为"神之母"，被斥为异端而遭驱逐。其追随者大都居住在两河流域等地，当受到拜占庭帝国迫害后，逃到波斯境内活动，建立独立的教会组织，并开始向印度和中国等东方地区传播教义。在产生于两河流域的亚述文明中，四翼守护精灵被认为比其他守护精灵更具神性，往往用于守护王宫。这种四翼形象后来为波斯文化所吸收。亚述帝国曾经统治过的范围均出土有四翼形象的亚述珍品。当时有许多西亚人经海上丝绸之路来到泉州，四翼神像也随之而来，并运用到景教石刻的创作中。这种四翼形象在扬州"也里世八"景教碑上也有发现，但在新疆、内蒙古等陆路传播地区所出土的景教石刻中尚未发现。可以说，泉州景教石刻上的四翼天使是海上丝绸之路传播的结果。

（本文刊于《人民日报》2015年1月4日12版，文中配图由泉州海外交通史博物馆提供）

海上鼓音：翔鹭纹铜鼓

潘 汁

铜鼓是我国南方少数民族的文化遗产，曾广泛用于陈设、集众、会盟、战阵、祭祀、娱乐、丧葬等场合。铜鼓集冶炼、铸造、绘画、雕塑、音乐、舞蹈于一身，其独特的造型和丰富的纹饰，反映着各民族当时的经济状况和文化面貌，内涵丰富。

从发现和使用铜鼓的地域来看，我国广西、云南、贵州、广东、海南、湖南、重庆、四川等八个省、市、自治区均有铜鼓，东南亚的越南、老挝、柬埔寨、缅甸、泰国、马来西亚、新加坡、印度尼西亚和东帝汶等国家也有分布。那么，从铜鼓的起源到如此之大的分布格局是怎么实现的？由此分析，铜鼓文化除在陆地上传播之外，沿着海路向南辐射的可能性也是存在的。

铜鼓的起源，最早可追溯至公元前8世纪，即春秋早期。生活在云南中部地区的濮人从炊具铜釜中创造了打击乐器铜鼓，即万家坝型铜鼓，因1975年云南楚雄县万家坝古墓葬群出土铜鼓而得名。此型铜鼓主要分布于云南省中部偏西地区，同时在广西西部、越南西北部和泰国北部也有发现，说明这个时期铜鼓文化开始向东、向南发展。

战国初期至东汉初期，是铜鼓的发展成熟期。早期铜鼓东传到滇池周围，滇人在造型和纹饰上对铜鼓进一步美化，铸造了精美绝伦的石寨山型铜鼓，因云南晋宁县石寨山古墓葬群出土铜鼓而得名。此型铜鼓对称和谐、装饰华丽，象征滇王及其他"邑君""侯王"的统治权威。其中的羽人舞蹈、划船、捕鱼、祭祀、砍牛等写实画像，再现了当时南方民族的生活习俗。此时，通过大江大河，铜鼓继续向北、向东、向南三个方向传播，分布范围迅速扩大，云南、广西、贵州、四川及越南北部成为当时铜鼓的主要流行地区，再由中南半岛继续跨海向南传播

图一　翔鹭纹铜鼓

至东南亚海岛，形成一条条清晰可见的铜鼓文化辐射传播线路。继万家坝型和石寨山型之后，铜鼓又先后发展演变出冷水冲型、遵义型、麻江型、北流型、灵山型、西盟型。各类型铜鼓之间，或有传承递变关系，或互相影响，反映出民族的变迁、文化的交流与融合。

1976年，在广西贵县（今贵港市）罗泊湾一号墓出土了一件西汉前期的翔鹭纹铜鼓（图一），现藏于广

图二　翔鹭纹铜鼓鼓面及中心纹饰放大图

图三 翔鹭纹铜鼓上的篆文"百廿斤"

西壮族自治区博物馆。翔鹭纹铜鼓高36.8厘米、面径56.4厘米、足径67.5厘米。鼓面中心为太阳纹（图二），十二芒，芒外七晕圈，主晕为衔鱼翔鹭纹。鼓身九晕圈，饰锯齿纹、圆圈纹、羽人划船纹和羽人舞蹈纹。铜鼓足部一侧卧刻篆文"百廿斤"（图三），实测重30.75千克。从年代、形制和纹饰来看，该鼓属于石寨山型，上面的图案有大船、海龟、鲨鱼的形象，可以说是我国早期航海景象的见证。值得注意的是，在举世闻名的广西左江崖壁画中也出现了类似的铜鼓及竞渡的形象，说明这些地方同为西瓯、骆越的核心区域，其文化表现出高度的一致性。

春秋战国至秦汉时期，江南、岭南直至华南沿海及北部湾沿岸这个广大区域内，居住着众多具有广泛文化联系的越人，因其支系繁多，秦汉时统称"百越"。从历史文献记载的情况看，西瓯、骆越是百越族群中的两大重要支系，活跃在岭南地区。西瓯人主要生活在今广西西江中游及灵渠以南的桂江流域，骆越人则主要聚居于今广西左右江流域、云南省东部、贵州省西南部以及越南红河三角洲地区。由于地理环境的缘故，百越族群历来有利用舟楫之便的传统。《越绝书》记载，越人"水行而山处，以船为车，以楫为马，往若飘风，去则难从"。《庄子·杂篇》有记载说"子不闻夫越之流人乎？去国数日，见其所知而喜；去国旬月，见所尝见于国中者喜；及期年也，见似人者而喜矣"。说明越人往南跨海远行已属常见。从时空背景上看，无论是在秦初统一，还是南越国自立，或者是汉朝集权的郡县制体制下，这个区域以海为路、勾连域外的渠道是畅通的。

从《后汉书》开始，关于广西地区铸造和使用铜鼓的记载，可谓史不绝书。广西自春秋晚期有铜鼓出现，到魏晋南北朝铜鼓铸造达到顶峰，至唐宋时期铜鼓曾一度衰落，但到明清之际，铜鼓又得以发展。直到今天，铜鼓习俗仍在广西少数民族地区流行。这一点与越南、老挝、泰国、缅甸等东南亚国家的情况十分相似。在印度尼西亚也发现有类似的划船羽人纹铜鼓。铜鼓最初可能从中南半岛南端直接传入，嗣后传入爪哇地区，由爪哇沿海古代文化中心的三宝垄广泛传播到其他海岛。

铜鼓的这种传播途径，与经由海上的贸易线路或者民族迁徙线路有关。贵港往下沿西江至广州、经北流河和南流江到达合浦，两地皆可再经海路通往域外。在广西贵港市出土的翔鹭纹铜鼓，从其所处区域、纹饰特征与传播途径来看，可以作为海上丝绸之路文化交流的历史印证。

（本文刊于《人民日报》2015年1月18日12版，文中配图由广西壮族自治区博物馆提供）

海蓝滢澈：弦纹玻璃杯

沈文杰

玻璃制品，今天看来似乎并不稀奇，但在古代，无论是中国还是西方，一直是上层社会的奢侈品。中国古文献对古玻璃的称谓有"璆琳琅玕""颇黎""药玉""瑾玉""璧流离"等。作为最早的人造材料之一，玻璃在人类文明的进程中发挥了独特的作用。随着西汉时期南方海上丝绸之路的开辟，玻璃制品作为中外交流的物质载体之一，在世界范围内广泛传播。

有学者根据伊拉克出土的玻璃碎片，推测公元前2500年左右美索不达米亚地区开始制造玻璃小饰品。大约在公元前16或公元前15世纪，玻璃制品出现在两河流域，稍后埃及也开始生产相似的玻璃制品。罗马帝国时期，玻璃业十分繁盛，在坯芯法、浇注法制造玻璃的基础上，发明了吹制法，切割、雕刻、彩绘、镀膜等技术都进一步提升。在中国，玻璃的起源可以上溯至西周时期，但真正的玻璃制品出现，大致是公元前6世纪的春秋时期。战国、秦汉时期，中国自制的铅钡玻璃制品一度流行。玻璃器在中国虽受到玉器、陶瓷等影响未发展成主流，但鲜明的民族特色与独特的艺术风格在世界玻璃史上同样备受瞩目。

1987年，在广西合浦县文昌塔七十号汉墓出土了一件弦纹玻璃杯（图一），现藏于广西壮族自治区博物馆。此杯高5.5厘米、口径7.3厘米、底径4厘米，经压模成型后，精细抛光，呈半透浅蓝，敛口，弧腹，自腰下内收，小平底，腹部饰三道弦纹，保存完整。合浦县位于广西壮族自治区南端、北部湾东北岸，县城周围68平方公里范围内，地下留存汉墓数万座，是我国沿海地区最大的汉墓群。合浦县境内发掘的数百座汉墓中，已发现八十九座汉墓有玻璃制品，出土的玻璃器种类相当丰富，有杯、碗、盘、璧、珠、环、管、耳珰、鼻塞、

图一　弦纹玻璃杯

龟形器等。

对这些玻璃制品进行的抽样化学分析发现，有七种不同的玻璃化学成分体系，既有来自海外的钠钙玻璃，也有本地自制的铅钡玻璃，尤其是众多的钾硅酸盐玻璃，被认为是继中国自制的铅钡玻璃系统之后，又一种具有中国地方特色的早期古玻璃。这些考古发现，印证了历史，还原了汉代合浦经济文化的繁荣景象，也从一个侧面反映了汉朝对外贸易繁荣兴盛的局面。

合浦自汉元鼎六年（前111年）建郡以来，一直是桂南、粤西地区的经济文化中心，也是汉王朝同东南亚各国往来以及进行贸易的重要港口，还是汉代中国海上丝绸之路的始发港之一。秦汉时期，海上丝绸之路只是陆上丝绸之路的一种补充形式，到隋唐时期，由于西域战火不断，陆上丝绸之路被战争阻断，海上丝绸之路代之而兴。唐宋时代，伴随着我国造船、航海技术的发展，我国通往东南亚、马六甲海峡、印度洋、红海乃至非洲大陆航路的纷纷开通与延伸，海上丝绸之路成为我国对外交往的主要通道，为东西方文明的交流带来新的生机。

海上丝绸之路同时还有东海丝路和南海丝路之分，其中南海丝路的始发港"乾体港"，即广西的合浦港。

汉武帝曾七次率众到沿海巡视，派员带大量丝绸、黄金等物从合浦乘船到南海诸国和印度东海岸进行贸易。《汉书·地理志》曾记载了这条航线，它的起点为今广东徐闻和广西合浦，先后分别抵达都元国、邑卢没国、谌离国、夫甘都卢国。从夫甘都卢国船行两个多月，则抵达黄支国。在黄支国之南，有已不程国，这是当时中国船队到达最远的地方。通过这条海上航线，中国精美的丝织品、优质的金属制品大量输出西方的同时，西方的玻璃制品也通过海上商路进入我国，并被视为珍宝。《汉书·地理志》载："有译长，属黄门，与应募者俱入海市明珠、璧流离、奇石异物，赍黄金杂缯而往。"可见玻璃是当时从海外输入货物之大宗。据晋代僧人法显著《佛国记》记载，从3世纪到7世纪前半期，南亚、东南亚多国和大秦（罗马帝国）多次派使节前来中国朝贡贸易，输入的物品当中就有玻璃器。外来玻璃器和玻璃制造技术的传入，对中国古代玻璃技术的发展、器形的演变都起到了重要的作用。

　　随着海上丝绸之路贸易的发展，从欧洲西部经过地中海、波斯湾、红海等地到达印度、东南亚、中国南部、韩国、日本等地的贸易线路，连接成一个庞大的贸易体。近年东南亚等地的考古发掘，发现了许多来自印度和中国的青铜器、陶瓷和玻璃器等，其中，来自中国的器物很大一部分都是汉代的风格。广西合浦汉墓出土的玻璃器物大多属于钾硅酸盐玻璃系统，这是印度、东南亚以及我国华南和西南等地特有的一种玻璃系统。此件弦纹玻璃杯也属于这一系统，其杯身凸弦纹纹饰在我国先秦时期的陶、铜器上常有出现，在两广的汉代陶、铜器中也常见到，由此推论，由于海外交通的便利，很可能汉代合浦人已经学会了烧制玻璃的技术，并利用当地的材料，延续传统器形，烧制出大量不同于西方的国产玻璃，并开始投放中外市场。合浦港凭借有利的地理位置，其产品通过南流江水系及广西境内的湘漓水道、红河水道、左右江水道、西江水道等流通到中原、巴蜀、夜郎等地，还通过南海航线流通到东南亚和南亚地区。

逾越千年,曾经的古港虽已湮没,但透过这件西汉弦纹玻璃杯,仍能重现昔日海上丝绸之路的轨迹,揭示那段神秘而辉煌的历史篇章。

(本文刊于《人民日报》2015年2月1日12版,文中配图由广西壮族自治区博物馆提供)

绚丽华美：镶宝石金带饰

蒋 群

镶嵌工艺史是一部绚丽多彩、华光四射的发展史。

中国古代的宝石镶嵌工艺从史前时期就出现了，开始镶嵌在骨器和玉器上，如嵌绿松石的骨雕筒、玉佩、玉簪等，古朴典雅。到了商周出现了金银制品，春秋战国时代金银宝石镶嵌工艺诞生，如镶嵌绿松石的金簪、金耳饰等，但此时的金银镶嵌宝石多为单一的绿松石。从汉至唐，随着陆路、海上丝绸之路的开辟，大量的金银器及先进的制作技术进入我国，特别是唐代，随着中西方贸易的不断扩大，我国金银器制作进入兴盛时期。唐代以后，金银器制作工艺和镶嵌技术趋于成熟并得到普遍应用，尤其是来自欧洲、中亚、西亚、东南亚等地彩色宝石的进入，促使各种金银镶嵌彩宝制品出现，色彩斑斓的金镶宝石器流行。到了明清时期，这种金银镶嵌宝石工艺达到顶峰，华丽浓艳、宫廷气息浓厚的各种金银镶嵌宝石类制品在上层社会流行，象征着高贵与权势。1971年山东邹县明鲁荒王朱檀墓出土的镶宝石金带饰（图一）就是其中的代表。

鲁荒王朱檀，为明朝开国皇帝朱元璋第十子。朱元璋为了巩固江山，将二十多个皇子分封到各地为藩王，朱檀受封鲁王，洪武十八年（1385年）就藩兖州，洪武二十二年（1389年）薨，年二十，谥曰"荒"。山东省是汉唐丝绸贸易的主要供货地，也是丝绸之路的源头之一。鲁荒王墓中出土的一千一百一十六件随葬品中，便有数量不少的冠冕袍服，为研究明代冕服制度和丝织文明提供了依据。其中的镶宝石金带饰，通长16.7厘米，最宽10厘米，最高2.8厘米，重395克，其体积之大、宝石之多、装饰之华美，为历代出土所罕见。带饰为金质如意云头托，组合形，中间主件为如意形，两侧活件为云头形。带饰金托中空，分上下两层，上层镂空镶嵌

绚丽华美：镶宝石金带饰

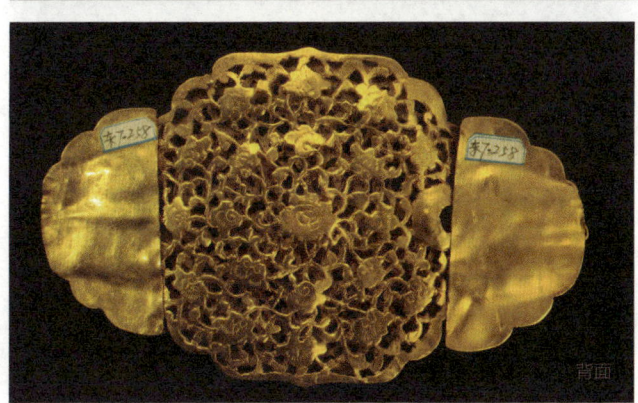

图一 镶宝石金带饰

宝石，下层主件背面为镂空灵芝缠枝花卉纹，活件背面为金板。其最大的特点就是在同一件器物上镶嵌多种宝石，带饰上层表面镶嵌有各种珍宝共计三十三颗，是一件华丽的明早期皇家金镶宝石镶嵌组合。

镶宝石金带饰金托采用了镂空、錾刻、锤揲、焊接等多种金器制作工艺，营造出表面、底面和侧面的纹饰，造型饱满、立体美观，金质光泽灿烂。金托采用如意云头的造型，象征着吉祥如意，背面的灵芝纹更是吉祥长寿的象征。在我国种类繁多的吉祥纹样中，灵芝如意、灵芝祥云应用最广泛、历史最悠久，其祥瑞内涵最博古代帝王和皇家的厚爱，也为普通百姓所认同。

带饰表面宝石镶嵌工艺又称"实镶"工艺，是一门技术要求很高的技艺。明清以前的金银器镶宝石工艺制作中，宝石的镶嵌以包边镶、冷镶嵌为主，明清以后又开发了许多种镶嵌方法，如抱爪镶、落爪镶、闷镶。镶宝石金带饰上，宝石的体积均较大，因此采用了包边镶和爪镶相结合的方式，最大限度地确保了镶嵌的牢固性，也使整个带饰看上去既不失灵活的变化，风格又含蓄稳重。

镶宝石金带饰所有镶嵌宝石以中间大蓝宝石为中心，包括两边在内，分别围绕其镶嵌大小珍珠各四颗，猫眼石两颗，红色尖晶石十二颗，祖母绿一颗，缟纹玛瑙一颗，绿松石六颗，小蓝宝石两颗。这些宝石工艺精致，多数宝石为弧面形，也有数颗宝石使用了明代罕见的刻面型宝石加工工艺，说明当时具有特殊光学效应的宝石加工已达到相当高的水平。这批镶嵌宝石的品质也属优良：蓝宝石大而净度很高；祖母绿内部洁净，色泽浓郁；猫眼石灵活明亮，猫眼的光线强弱变化明显；肉红色玛瑙纹饰集中美观；红色尖晶石的颜色统一、通透、洁净，而红色尖晶石在明代初期还是极为少见的，在明代中后期的镶嵌宝石中才较多出现。上述这些宝石可能产地在国外，如东南亚地区。此外，天蓝色的绿松石质地细腻，色泽温和，应是产于湖北的瓷松；乳白色的贝珠大而饱满，也应产于国内。

华丽的镶嵌组合、复杂的加工工艺、极高的宝石品质，使这件镶宝石金带饰成为一件难得的明初镶嵌宝石精品，为研究明代政治、经济、文化的发展提供了实证依据。

（本文刊于《人民日报》2015年7月19日12版，文中配图由山东博物馆提供）

扶雪浮香：建窑黑釉酱斑碗

丁清华

根据不同历史时期主要贸易商品的差异，海上丝绸之路又有"陶瓷之路""茶叶之路""香料之路""白银之路"等不同称呼。宋代，海上丝绸之路逐步走向高峰，随之也带动了中华茶文化对世界的深远影响。两宋社会崇尚幽雅之风，上至帝王将相、文人雅士，下至民间百工，饮茶品茗成为举国上下的风尚，如宋王安石的《议茶法》中所写"茶之为用，等于米盐，不可一日无"，可以说宋代是史上茶饮活动最为活跃的时代。产于南方名窑建窑的黑釉茶盏——建盏，就是中华茶文化名扬海外最为有力的见证之一。

建盏是指北宋以来在福建省南平市建阳区水吉镇芦

花坪一带窑口出产的黑釉茶盏，因窑口位于宋属建州的建安县（今建瓯），故名"建窑"（历史上也称建安窑），所出茶盏被誉为"建盏"，为底小口大、形如漏斗的茶碗，是一种茶具。

中国茶具的发展紧随茶业的发展历史，研究中国茶文化也必须深入地了解茶具发展史，茶具的发展亦能够体现时代变迁。在宋代，从王禹偁的《恩赐龙凤茶》、蔡襄的《北苑茶》、欧阳修的《送龙茶与许道人》等众多诗篇中可知，福建的北苑（今福建建瓯龙山）龙凤团茶是宋时风雅之士最喜欢赞咏的茶叶品种，宋徽宗赵佶《大观茶论》载"本朝之兴，岁修建溪之贡，龙团凤饼，名冠天下"，亦知其为皇家专用的贡茶之一。既是贡茶，必然要求精工细选，为此，斗茶等与贡茶挑选有关的茶事礼仪在宋代得到高度发展。

斗茶源于唐，盛于宋。通过"斗"的比较，从而鉴定出茶叶品质，为的是在市场价格、品位上取得优势，挑选出品质最为上乘的贡茶用于皇室，具备极强的功利性。当然，作为一个富有幽默感的民族，古人常常会在功利中寻找到娱乐，斗茶等与茶相关的活动逐步成为全民的娱乐活动，当然在贡茶产地建安，斗茶之风更甚。斗茶与现在的花式咖啡的拉花有些相像，在分茶的过程中，分茶者会通过巧妙的搅拌，在茶沫上画出禽兽鱼虫、山水人物的图案，更有甚者可以在茶沫上作诗，称为"水丹青"。斗茶讲究的是茶汤以白取胜，茶筅击拂茶汤产生的泡沫要能"咬盏不散"，久热绀黑的"建盏"无疑最为合适，因为黑釉色更能衬托出白色的茶汤和泡沫。蔡襄《茶录》中称："凡欲点茶，先须熁盏令热，冷则茶不浮。"同书又称："建安所造者绀黑，纹如兔毫，其坯微厚，熁之久热难冷，最为要用。出他处者，或薄或色紫，皆不及也。"可见，建盏乃宋人斗茶、点茶之时最好的器具。"建盏"就是在举国斗茶的文化背景下应运而生并发展到最高峰的。建窑遗址中发掘出的刻有"供御""进盏"铭文的残片，可验证除了民用，建窑还制造宫廷烧造的御用茶盏。从宋徽宗赵佶的《大观茶论》中所说"盏色贵青黑，玉毫条达者为上"可知，他在斗茶时，使用的茶盏也许就是建窑兔毫盏。宋时的建窑与同时代的定、钧、哥等名窑齐名。

北宋著名诗僧惠洪曾作诗道:"点茶三昧须饶汝,鹧鸪斑中吸春露。"20世纪80年代出土于建阳区水吉大路后门窑、现藏于福建博物院的宋代建窑黑釉酱斑碗（图一），其碗口径12.4厘米、底径3.9厘米、高9厘米；束口，口沿外撇，内沿下有一道凸边，斜腹，圈足；内壁施黑釉色鹧鸪斑；外壁施黑釉，近底以下露褐胎，质地坚硬。惠洪诗中所提到的鹧鸪斑，有学者认为即此碗之纹饰，犹如鹧鸪鸟胸前的羽毛。此盏胎体厚重，造型敦厚古朴，系建窑所产茶盏中上乘之作。建盏中，以兔毫斑（图二）、鹧鸪斑、油滴、曜变等釉色的名品为代表，所呈现的分相釉斑纹为烧窑过程中气温火候变化所致，人工无法控制，所产生的纹路和色彩，温润晶莹，瑰丽悦目，每一件都独一无二、不可复制。据日本1511年出版的《君台观左右帐记》记载：曜变斑建盏乃无上神品，值万匹绢；油滴斑建盏是第二重宝，值五千匹绢；兔毫盏值三千匹绢。据悉，已知世存仅三件曜变斑建盏皆珍藏在日本，为日本之"国宝"。当然，除釉料的特色外，

扶雪浮香：建窑黑釉酱斑碗

侧面

正面

图一 宋代建窑黑釉酱斑碗

图二　宋代建窑兔毫盏

建盏的胎体相比其他地方的黑釉盏较粗糙，因其含有大量的石英砂粒和气孔，可知其是使用含铁量较高的黏土泥料制成，由于胎中含铁量高，故胎色多呈紫黑或灰黑色，少数呈深褐色。为此，胎质粗糙坚硬，露胎处色沉而无光的铁胎也是建盏的一个非常独特的特征。

建窑从唐代（亦有学者认为是五代末）始创烧，随着沏茶之法的变化，到了宋代尤其是南宋发展到极盛，衰于元明，至清代而终。可以说，因福建地区的北苑茶园的繁荣和斗茶活动的盛行带动了建盏烧制大规模化，然而也因为茶园和斗茶的衰落而渐渐消逝。后世也便只能从建窑黑釉酱斑碗这段历史兴衰的物证中，体味彼时茶文化的精绝。

（本文刊于《人民日报》2015年10月18日12版，文中配图由福建博物院提供）

流香千古：镏金铜熏炉

孙 宜

在山东淄博市临淄区大武乡窝托村，有一个状若山丘的高大土冢，虽历经千年风雨，其封土仍高达24米，气势非凡。1978年秋，胶济铁路复线在附近开工，偶然发现了一座古墓。考古工作者对此墓五个陪葬坑进行了为期三年的发掘整理，共出土文物1.2万余件，包括陶器、铁器、漆器、铅器、青铜器、金银器等，其中有精美罕见的矩形龙纹铜镜、铁盔铠甲等文物，文物数量之多、品级之高，一时轰动全国。

在五号陪葬坑琳琅满目的各式兵器中，两件大小相近、闪闪发光的镏金铜熏炉（图一）吸引了考古工作者的目光。这两件熏炉，稍大者通体为铜铸，外表镏金；

口径9.3厘米，通高14.4厘米；弧形盖，顶饰一环钮，周围透雕两条盘龙，首尾衔接，线条流畅多姿；炉身为豆形，曲腹，腹部有微凸起的一周纹带，有效地克服了因腹壁素面而导致的单调感，并承饰一对铺首衔环；腹部刻有"左重三斤六两""今三斤十一两"；底部外缘刻"今二斤三两"，另刻有多字，现已模糊。该熏炉整体造型圆浑典雅，镂雕纹样生动，铸作工艺精美，属同类器中的上乘佳作，现藏于淄博市博物馆。另一件藏于淄博市临淄齐国故城遗址博物馆。

如此庞大的墓葬和奢华的陪葬器物，其墓主人是谁呢？从出土文物的形制、特点来看，它们是西汉初年的器物，器物铭文中"齐大官""齐食官"的字样更提供了佐证。据《汉书·百官公卿表》记载，大官和食官是专门掌管皇帝、皇后及太子们饮食的官。汉初，诸侯王国"宫室百官，同制京师"，由此推断这些器物是由齐大官和齐食官掌管的齐王宫室专用的饮食器皿。此件镏金铜熏炉的主人同样属汉初齐王，但究竟是第一代齐王刘肥还是第二代齐王刘襄，有待于主墓室发掘后进一步

图一　西汉镏金铜熏炉

印证。

熏炉也称香炉、熏笼,在熏炉内焚香,透过盖上镂孔,轻烟缭绕,香气四溢,颇助于营造肃穆、高雅的气氛。香熏始于何时,学界对此尚存争议。有学者认为人文始祖轩辕黄帝即已开始焚香。汉代初期,随着交流的加强,南海地区的龙脑香、苏合香等罕见外来香料通过海上丝绸之路传入中土,从而大幅度地开拓了香源范围,上层社会的崇香风气渐渐影响至民间。南北朝时期,某些地区已有专营香料的香市。到宋代,还有人写过为诸种香料分类定名并详述其产地、性能和使用方法的专著《香谱》。香料的性质不同、品位不同,其用途也不同:有的入药治病;有的用于烹饪以调味;有的用来酿酒;有的和入泥中涂抹室壁,如所谓"椒房";有的用于庙堂祭祀……

汉代,百家传记迭出,有关香熏活动的记述丰富起来,从文献和考古发掘的相互印证来看,整个汉代社会尤其是汉朝宫室,已然进入了一个香熏活动的上升期。汉代蔡质所著的《汉官典仪》就有香的记载:"女侍史絮被服……执香炉烧熏。"汉武帝时期，国力鼎盛，外邦进贡者络绎不绝，香料在当时成为进贡的重要物品。由于许多香料燃烧时香气更浓烈且更易扩散，故焚香便成为最流行的用香方式，熏炉也便随之兴盛。

旧记谓汉代始有熏炉，此种说法主要依据《西京杂记》关于长安巧匠丁缓制作"被中香炉"和"九层博山炉"的记载。但该书讲的是丁缓制作熏炉的高超技艺，并未说由丁缓始作。如今战国熏炉在考古发掘中已多有发现，观察其构造的成熟程度，不排除春秋时期已存在熏炉的可能。但汉代熏炉焚香的风气特盛则是事实，存世的汉炉也比较多。广州、长沙等地的西汉早期墓葬中已经出土了不少豆形熏炉；广州地区四百余座汉墓中，共出土熏炉一百一十二件；长沙马王堆一号墓中出土有为了熏衣特制的熏笼。此时熏炉被做成各种形状，有豆形、鼎形、簋形、博山炉，还有仿鸭、龟、虎、麒麟等动物形体的兽形熏炉，周邦彦词中的"锦幄初温，兽香不断"，李清照词中的"瑞脑消金兽"，说的就是这类兽形熏炉。

熏炉最早多是陶瓷烧制，后来制作材料发展为金、银、瓷、玉、铜多种质地,但因青铜坚牢且散热性能好,故以青铜质地为大宗。这件汉齐王熏炉,采用青铜制作,造型简洁,镂刻精美且实用,彰显出高贵大气的王室气派,更因其独特的制作工艺——鎏金,成为同类器中的佼佼者,甚至有专家说,它的加工精度和表面光洁度,已经接近现代机械加工所能达到的水平。

2000多年前,这件鎏金铜熏炉陪伴着齐王深埋地下。如今,它又作为罕见的一级文物精品,为后人展示着汉初的精湛工艺,它所承载的汉代文明和历史文化令人回味无穷。

(本文刊于《人民日报》2015年11月15日12版,文中配图由淄博市博物馆提供)

丝路流韵：鎏金摩羯纹多曲银碗

宋 叶

文物是文明的重要载体，是回眸历史的重要窗口。2004年，在厦门市陈元通夫人汪氏墓中出土了一件唐代鎏金摩羯纹多曲银碗（图一），现藏于厦门市博物馆。银碗通高8.7厘米，口径17厘米，底径10.8厘米。器口呈五曲葵式，敞口，弧壁，深腹，腹部有五道等距离的凸棱，外底焊接圈足，足底外撇。从银碗的纹饰、制作技艺到文物出土地，无不显示着彼时的国力昌盛、中外文化交流的繁荣。

唐代出现了陆上丝绸之路、海上丝绸之路相继繁荣和交替的现象：唐朝前期延续汉代以来的陆上丝绸之路，并发展到顶峰；唐中期之后海上丝绸之路迅速崛起。随

图一 唐镏金摩羯纹多曲银碗

着中外文化通过陆上、海上丝绸之路不息的交流，唐代文化呈现异域特色明显的时代特征。在唐代各种外来器物中，金银器是发现最多，也是表现外来文化影响最为清晰的类别。

唐朝的金银器深受粟特、萨珊、拜占庭等地区文化因素与制作技术的影响。在制作工艺上，西方金银器制作中的锤揲、焊缀技艺等在唐代日益成熟。锤揲技艺充分运用了金银质地柔软、延展性大的特点，所做出的凹凸起伏的造型和纹样，使得金银器具有了浮雕感。而这件摩羯纹多曲银碗正采用了此种工艺——碗内壁有四层镏金纹饰，最内层纹饰以錾刻水波纹为地，其间锤揲出两相嬉戏的摩羯图案，两摩羯首尾相接，呈逆时针流动，其间以两组凸起的如意云纹相隔；第二层为联珠纹；第三层为錾刻的带状卷草纹；第四层为口沿处錾刻的带状缠枝纹，整体体现了唐代工匠吸收西方金银工艺后，根据中国人的使用习惯和审美情趣不断改造、创新所形成的独特风格。

在装饰风格和样式上，唐代金银器也呈现出浓郁的异域风格，这件银碗便是物证。一般认为，摩羯纹是随佛教由印度传入中国的。摩羯又称摩伽罗，是印度神话中的海中异兽，后融入佛教文化逐渐演变为吠陀神话中水神和恒河女神的坐骑，并成为吠陀时期欲神的标识。银碗上的摩羯保持了长鼻内卷、双目圆睁、张口露齿的印度原生形象，而底部的联珠纹，在唐前期的金银器上尤为兴盛，这源于波斯萨珊和中亚粟特装饰艺术在中国的传播。两种纹饰与卷草纹、缠枝纹等纹饰的搭配体现出浓郁的异域风格。以摩羯纹为主的整体构图，满器铺陈，规整细致，体现出唐朝繁荣昌盛的时代气象。而摩羯展开的双翅和头顶上的分叉角，表明它已经被赋予中国文化内涵——代表着中国本土"鱼""龙"文化的融入，是摩羯中国化的体现。

在唐代，人们认为使用金银器对健康长寿有奇特功效，这使得金银器进一步神圣化，宫廷贵族更是对其有着近乎狂热的追求。据研究，考古发掘和收藏的唐代金银器皿数量，超过以前各代总和，种类繁多、制作精美，体现了唐代贵族生活的奢华。这件镏金摩羯纹多曲银碗的主人属于厦门岛内一个大家族——陈氏家族。据出土的墓志铭记载，陈元通是最早开发厦门岛陈姓家族的陈僖之孙，为清源同安人，曾任歙州婺源县令，唐大中九年（855年）逝于嘉禾里（今厦门）。其夫人汪氏墓中除这件银碗外，还随葬有银筷、银盏、银头饰等器物。银盏上刻有"通"字，推测这些银器应为陈元通在江西任职时所得，后带回厦门。这些银器能够在地处僻远、当时相对落后的厦门岛出现，实属珍贵，是研究厦门早期历史的珍贵实物资料。

鎏金摩羯纹多曲银碗是中唐时期器物，它体现了这一时期陆上、海上丝绸之路交替发展，经济文化广泛交流的盛况，以及海上丝绸之路所带来的文化与技艺的融合与创新。

（本文刊于《人民日报》2015年11月29日12版，文中配图由厦门市博物馆提供）

瓷国琨瑜：德化窑妈祖坐像

樊俊娇

妈祖，又称为"天妃""天后"，是传说中掌管海上航运的女神。以中国东南沿海地区为中心形成的妈祖信仰，历史已上千年。随着海上丝绸之路的繁荣发展，妈祖信仰成为航海者的精神寄托。收藏于福建博物院的明德化窑妈祖坐像（图一）便是历史的见证者之一。

德化窑妈祖坐像通高 19.1 厘米，底径长 13.9 厘米，从坐像大小、保存现状来看，为供祀对象的可能性较大。这件坐像也是已知明代白瓷妈祖塑像中工艺成熟的精品。坐像中，妈祖头戴方形平顶冠，身穿冕服，肩披帔，双手藏袖于胸前，正襟端坐，左右分立"千里眼"与"顺风耳"二属——他们是传说中妈祖于二十三岁时收服的

图一 明德化窑妈祖坐像

金、水之精。造型上，妈祖的平顶冠，胸前平端的双手与两臂，端坐时两膝的点位以及坐像的底部，构成了整体平行的四条线。左右分立的二属，平顶冠、妈祖衣袖呈现出的垂线，更是增添了塑像的平衡感，使整座塑像端庄大方，给人平稳安定的视觉感受。

成书于战国时期的《考工记》记载："天有时，地有气，材有美，工有巧，合此四者，然后可以为良。""材有美"也是该塑像艺术效果不容忽视的一个重要因素。作为德化窑白瓷产品，其胎料采用氧化硅成分高的瓷土，烧成后胎体坚硬，加之含钾成分较高，所以具有很强的透光感；又由于釉料所含的氧化铁特别低，烧成后白度自然增高。所以从视觉上看，该塑像整体趋向纯白但是又非雪白，展露出凝脂般的温润质感，呈现出祥和之气。

德化位于福建省泉州市北部。德化制瓷史可以追溯到唐末五代时期，到了宋元，德化所产的白釉、青白釉等瓷器已经声名远播，并随着海上丝绸之路的发展远销东亚、南亚、西亚以及非洲、欧洲的许多国家和地区，这在国内外很多地下、水下遗址中都有发现。如1976

年发掘的宋元古窑址德化屈斗宫窑址，作为外销瓷数量最多、销地最广的瓷窑之一，其出土的大量军持、高足杯、直道纹洗、墩子式碗、折腹弦纹碗等具有元代特征的器物，在日本、菲律宾、马来西亚、印度尼西亚等国也有发现；1987年中国水下考古队在广东省阳江市海域中发现的"南海一号"宋代沉船，其装载的陶瓷中也包含有大量德化瓷器。

明清时期，德化制瓷工艺达到顶峰，烧制的白瓷瓷胎致密，釉色纯白，质润如玉，被称为"象牙白""猪油白""葱根白"等，外销至欧洲时深受当地人的喜爱，故也被誉为"中国白"。值得一提的是，明代德化白瓷工坊线上还出现了大量根据欧美国家下单制作的符合其审美的白瓷造型，如牛奶罐、咖啡杯、茶叶过滤器等。这些白瓷通过海上丝绸之路热销海外，在现今日本、东南亚、欧美等地的博物馆及民间，都收藏着许多类似这样的德化窑白瓷珍品。

德化白瓷表现最多、艺术成就较为突出的，是人物瓷塑，尤以明代瓷塑大师何朝宗的作品最为有名。其作品被日本及东南亚的佛教国家视为神物至宝，在西欧人眼中被视为"东方艺术之精品"，其影响之广可见一斑。

德化窑白瓷人物塑像，以观音为主，也有民间宗教诸神，如八仙、天妃、关帝、福德正神、文昌帝君、真武帝君等。这与福建民间信仰气氛浓郁息息相关。神灵虽众，但其中妈祖信仰影响巨大，这件德化窑妈祖坐像便是这一信仰下的产物。今天在莆田、南京、长乐、泉州乃至"郑和下西洋"活动中所停留过的多个国家和地区都发现有与妈祖相关的遗迹，如南京龙江天妃宫，长乐《天妃灵应之记》碑，古琉球国的上、下天妃宫等。这些是妈祖信仰跟随船队在国内外传播的实例，也是海上丝绸之路促进文化交流与融合的例证。

（本文刊于《人民日报》2015年12月13日12版，文中配图由福建博物院提供）

重彩华章：广彩人物纹潘趣碗

黄 静

广彩瓷器是清代康熙开海以后出现的一个专门为了外销的釉上彩瓷品种。历经有清一代，直至中华人民共和国成立以后，广彩一直是以外销为主的彩瓷品种。

中国是瓷器的故乡。中国陶瓷的外销始于何时已无从考证。至少在唐代，中国陶瓷已通过陆上和海上丝绸之路大量外销，并对输出国的社会生活、饮食风俗、宗教文化等各方面带来了一定的影响。当时外销的陶瓷品种，主要有邢窑白瓷、越窑青瓷、长沙窑瓷器和河南巩县窑三彩陶器，以及广东等南方地区一些窑口的产品。海路外销的路线，除向东的日本和朝鲜半岛以外，最重要的就是广州通海夷道：从广州港发，经东南亚，直至西亚和非洲东海岸（今肯尼亚一带）。宋元是我国瓷业迅猛发展的时期，南北方名窑众多，定窑白瓷、磁州窑彩绘瓷、龙泉窑青瓷、景德镇窑青白瓷、德化窑白瓷和青白瓷、建窑和吉州窑的黑釉盏等，都是外销瓷的主要品种。当时外销的路线仍是"广州通海夷道"，这也是当时世界上最长的航线。明清时期，景德镇窑瓷器经过元代的迅速崛起，已发展得相当成熟并富有规模，产品品种多样，制作精美，迅速成为瓷器外销的最重要角色。随着15世纪大航海时代的来临，中国陶瓷的外销足迹遍及世界各大洲。

欧洲从明晚期开始便从景德镇定制彩瓷。清康熙时期，从景德镇定烧的瓷器需要运至广州出口外销，运输过程中会因毁损等原因导致退货而增加成本。为满足外销需求，商人便从景德镇直接购买素白瓷胎，到广州彩绘烧造后直接出口外销。再加上政治、经济、文化等综合因素的影响，客观上促生了广彩。乾隆时期"一口通商"政策的实施，让广州成为唯一的外销口岸，更加促进了广彩的繁荣。今天，欧美等地的博物馆或私人珍藏中，仍能看到不少精美的清代广彩瓷器。清代广彩外销的器型，以餐饮用具为主，包括餐具、茶具、咖啡具等。同时亦有少量的陈设器和其他日用器，如瓶、花盆、花插、烛台、盥洗室用器等。而在餐饮用具中，潘趣碗（图一）是其中的重要器型之一。

"潘趣碗"一词音译自英文 punch bowl，华人称之为"宾治碗"或"潘趣碗"。18 至 20 世纪，欧洲人曾大量从景德镇和广州订烧这类大碗，用于调制果酒。潘趣碗的大量出现，与 18 世纪以来欧洲上层社会私人宴会日益流行有密切的关系。广彩潘趣碗的纹饰通常有人物、风景和花鸟等，其中人物纹饰有绘中国人和洋人两大类。而绘中国人的纹饰又包括清装人物和清以前古装人物两个类别。绘清装人物纹饰的中国瓷器主要见于广彩，在景德镇瓷器中极少见到。

无论在清代还是现在，无论是西方人还是华人，都习惯将描绘清装人物图案的广彩瓷器称为"满大人"。"满大人"是英文单词 mandarin 的译音，是欧洲最早进入中国的葡萄牙人对中国官员的称谓，出现在 16 世纪的明代晚期——当时来华的一些欧洲人的信函和日记等文献中已出现这一词语。此后的明清时期，所有西方人都沿用了这个称谓，与我国的少数民族满族之间并不存在任何关系。

广彩瓷器中的"满大人"纹饰，主要流行于雍正至嘉庆时期，以乾隆时期最盛，道光以后式微。其画面通常绘的是着清装的男子与着明装的女子在一起的庭院生活场景，以休闲、愉悦、欢快为主题。"满大人"纹饰的流行与式微，究其原因，一是，17至18世纪是欧洲"中国热"最为流行的时期，代表中国元素的最主要的载体正是中国瓷器，因此绘有"满大人"图案的中国瓷器更受欢迎。二是，18世纪中期以后，随着欧洲人对中国的了解不断深入，"中国热"逐步降温。尤其是在鸦片战争之后，中国在国际上的地位下降，导致了"满大人"图案逐渐消失。

广彩潘趣碗的纹饰，在雍正至乾隆时期以通景为主；在乾隆中期以后基本为开光的形式（图二）。乾隆时期的广彩，自身特点已经形成，是制作最为精美、色彩最为丰

图一 清乾隆广彩人物纹潘趣碗

图二 清广彩开光人物故事图大碗

富亮丽、纹饰最为多姿多彩的阶段,人们以"式多奇巧""岁无定样"来形容之。这一时期的潘趣碗,除常见的"满大人"纹饰外,还有绘洋人的图案,有表现休闲娱乐的"洋人狩猎图"及反映来华贸易的"洋人归航图"等。

道光至光绪时期,广彩外销的主要市场从欧洲移向美洲——主要是美国、古巴、墨西哥等地。广彩瓷器的彩料相对减少,以大红、大绿、大金的艳丽色调为特色。纹饰图案形成程式化的开光样式。此时的潘趣碗,里外均满绘纹饰,基本不留白,色彩绚丽,人物纹饰全部为明装人物,表现热闹、喜庆的生活场景,有的加绘纹章。

因为是以外销为主,广彩瓷器在经济贸易的过程中,承载了大量东西方文化交流的内涵,并因为华丽夺目、纹饰绘画融会东西方艺术风格而深受欧美人士的喜爱。潘趣碗作为西方餐饮用具中的一种器物,也成为展示当时的西方社会生活面貌以及中西贸易往来、文化交流等方面信息的载体之一。

(本文刊于《人民日报》2016年1月24日12版,文中配图由广东省博物馆提供)

渡海佛香：铜镏金狮子熏炉

吕锦燕

五代闽国铜镏金狮子熏炉（图一）于清代道光年间在福建仙游城西保福院出土，被清代儒学家陈寿祺收藏，后辗转流落于民间，现藏于福建博物院。它通高40.1厘米，炉口直径21厘米。熏炉盖似盔形，上蹲有一只栩栩如生的小狮子，狮口微张，狮身中空与炉身内部相连。熏炉口呈五瓣葵形，其腹部铆接五个兽面蹄足。熏炉口沿上刻着楷书"弟子监铁出使巡官主福建院事、检校尚书、礼部郎中、赐紫金鱼袋王延翰，奉为大王及国夫人铸造师子香炉壹口，舍入保福院永充供养。天祐四年九月四日题"铭文一周（图二）。

铭文上的"天祐四年"即907年，是年四月，朱温

图一 五代闽国铜鎏金狮子熏炉

图二　炉口唇面刻字及局部放大图

灭唐建立后梁政权,改元"开平",唐朝宣告灭亡。此后,中国正式进入了五代十国的割据状态。香炉虽制造于九月,但是它沿用的依然是唐朝的年号。香炉的主人王延翰(闽嗣主)是当时威武军节度使王审知的长子,"大王及国夫人"指的就是王审知夫妇。王审知当时虽然只是节度使,但是他其实已经是福建的最高统治者。据此铭文,可以看出这个熏炉是王延翰为父母祈福而铸造的。

熏炉即香炉,顾名思义是熏香用的器皿。中国熏香的历史悠久,熏香不仅能够洁净环境,驱灭蚊虫,还能治病辟秽。但是受地理条件所限,中国原产的香料非常有限,沉香、檀香、乳香、龙脑香、豆蔻等热带香料多来源于各国的朝贡,香料成为稀有的奢侈品。自汉代起,宫廷之内熏香蔚然成风,后宫女子也以香争宠,调香斗香。南朝陈后主更是穷奢极欲地用名贵的檀香、沉香等木料建造了香闻数里的临春、结绮、望仙三座阁楼。隋炀帝下江南时亦是"锦帆过处,香闻十里"。

唐五代时,由于海上丝绸之路的兴盛,大量香料输入,使熏香文化得到了长足发展,香料从宫廷之中流入上层社会，成为士大夫阶层生活中不可或缺的部分。"诗仙"李白就曾多次以香入诗，如"日照香炉生紫烟""沉香亭北倚阑干"；南唐后主李煜曾写词云"红日已高三丈透，金炉次第添香兽"等。除生活用香之外，宗教仪式也大量地使用香料，因为传说释迦牟尼曾认为香是佛的信使，有香就有佛。于是在各种佛事活动中，焚香、上香几乎是必有的内容，佛教的传播更加促进了香料的风行。

由于国人对熏香狂热的喜爱，香料成为海上贸易重要的货品之一。《旧唐书》记载唐代异域进贡香料的次数达一百二十次，包含三十多个品种，进贡香料的国家主要有波斯、大食、新罗、天竺国、林邑、吐火罗国、狮子国、扶南、爪哇、扶林（东罗马）等。大量的香料从波斯湾或红海，经锡兰（今斯里兰卡）和印度半岛南端，穿过马六甲海峡，到达中国沿海各港口。香料随着各国的朝贡队伍与商队来到中国。在进贡给中央政府少量的香料后，商人将大部分的香料投入市场进行香料贸易，获得了丰厚的利润。由于统治阶级对香料的喜爱，中央政府甚至下令各州府以香料替代赋税，闽国王氏家族就曾经多次向中央政府进贡香药。

此时的中国不仅是香料的输入国，也是日本的香料输出国。《唐大和上东征传》记载，鉴真东渡日本弘扬佛法之前，曾在扬州药市上购买麝香二十斤；沉香、甲香、甘松香、龙脑、安息香等六百余斤；荜拔、胡椒、阿魏等五百余斤。

成熟的熏香文化催生出了各类熏香器皿，有熏笼、香炉、香囊、香球、香盒……唐代的香器做工精美，款式多变，花纹复杂，堪称巧夺天工，对后世产生了深远的影响。单就熏炉来说，便在款式上分为三足型、五足型、六足型、宽座型、带柄型等。其中，应用飞禽走兽为题材制造的熏炉又被称为"香兽"，主要造型有狮子、鸭子、鸳鸯、象、麒麟等。这件五足造型的铜镏金狮子熏炉沿用的就是唐朝最典型的款式之一，主要流行于 7 世纪至 10 世纪。

熏炉不仅是生活用具，也是佛前供奉的主要香器。从王延翰用熏炉来替父母祈福表达孝心这一举动，可以看出王审知家族对于佛教是相当推崇的。在王氏家族统治福建的几十年间，福建兴建的寺庙总数比过往几百年所建的寺庙还多。受益于统治阶级对佛教的推崇，唐末五代时期，福建的佛教研究在当时处于全国领先水平，与日本、朝鲜、印度的交流也十分紧密。

香炉盖上的"狮形钮"可以说是中外佛教文化交流的一个例证。中国最早关于狮子的记载是东汉时期，当时安息国曾向中原王朝进贡了一对狮子。狮子在佛教中代表着庄重威严，可以驱邪避凶。伴随着佛教的深入传播，"狮子"越来越获得大众的青睐，作为一种艺术题材广泛出现在人们的生活之中。鉴真东渡时，将狮子造型的长柄熏炉带入了日本，并在奈良时期风行一时。如日本东京国立博物馆便收藏有一件8世纪时圣德太子所用过的"狮子镇柄香炉"。

这件铜鎏金狮子熏炉不仅是中外经济、文化交流的见证，而且是当时佛教文化高度发展的产物，亦是五代闽国唯一刻有铭文的器物，弥足珍贵。透过它，可以窥见彼时上流社会熏香文化的风雅，闻到繁华的海上丝绸之路飘来的袅袅佛香。

（本文刊于《人民日报》2016年2月21日12版，文中配图由福建博物院提供）

黑石遗珍：长沙窑彩绘青瓷碗

王轶凌

1998年，德国打捞公司在印度尼西亚勿里洞岛附近海域发现了一艘9世纪的沉船，因附近有一块黑色大礁岩，故将其命名为"黑石号"（Batu Hitam）。"黑石号"沉船出水有6.7万余件中国陶瓷，其中长沙窑瓷器多达5.75万件，是唐代瓷器在海外的最大发现，资料也最为齐备、完整，引起国内文物界高度关注——它的出水，反映了唐代陶瓷外销的盛况，是古代中国对外贸易繁盛的见证。现藏于浙江省博物馆、由热衷于中国历史文物收藏的藏家吴跃坚无偿捐献的一件唐代长沙窑彩绘青瓷碗（图一），成为管窥这一盛况、讲述一段隐没已久的海上丝绸之路故事的窗口，也使得多姿多彩的

图一 唐长沙窑彩绘青瓷碗

长沙窑瓷器重现光芒。

"黑石号"沉船经过两次水下考古发掘,出水文物7万余件,包括陶瓷器、金、银、铜、铁、铅、骨、石、木、玻璃及各类香料等,其中陶瓷器数量最为惊人,并涵盖中国的越窑、邢窑、长沙窑、巩县窑和广东窑系等不同地区的产品。通过对其中一件刻有"宝历二年七月十六日"纪年铭的长沙窑彩绘碗和其他一些器物的研究,以及分析船体木结构、木种,研究者推断该船应是一艘9世纪初期从中东一带来到中国,再由中国港口开往中东伊朗尸罗夫商港的阿拉伯传统单桅缝合帆船。

曾五下南洋的吴跃坚,从海外抢救性购回的"黑石号"出水唐代长沙窑瓷器,为国内研究长沙窑彩瓷提供了丰富的实物资料。其中的"长沙窑彩绘青瓷碗",高5.2厘米、口径14.8厘米、底径5.4厘米;敞口,弧腹,圈足,口沿内外饰四块对称的褐斑,很是精美,被鉴定为国家一级文物,也是唐代长沙窑的典型产品。

长沙窑是唐代著名的瓷窑,位于长沙市望城县铜官至石渚湖一带。其产品主要是青瓷,器类有碗、盘、壶、罐、盒、瓶、盂、盆、炉、盏托、瓷塑等，装饰技法主要采用釉下彩绘、模印贴花、雕塑等，其中高温铜红釉的创烧、釉下多彩的发明以及将书画艺术应用于瓷器装饰等，都具有划时代的意义。凭借彩瓷崛起的长沙窑，打破了"南青北白"的格局，与越窑、邢窑形成了三足鼎立之势。物美价廉的长沙窑产品不仅行销国内市场，还远销日本、韩国、菲律宾、泰国、伊朗、伊拉克、埃及、肯尼亚等国家和地区。

在"黑石号"沉船出水的数量庞大的各类瓷器中，长沙窑产品的数量最多，其中又以直口、弧腹、圈足碗的数量最多。这些碗的共同特征为：口沿内外两侧装饰有对称的四处半圆形褐斑，内壁釉下彩绘褐绿相间的各种纹样，内容丰富，包括各式植物花卉纹、云纹、凤纹、鸟纹等，还有少量以氧化铁书写的汉字诗文或题记。例如，沉船出水的一件长沙窑青瓷碗，碗心书"荼盏子"，表明了瓷碗的茶具用途；又如一件青瓷碗上写有"湖南道草市石渚盂子有明（名）樊家记"，说明产品出自湖南长沙窑，并且这时已经有了品牌意识。这件唐代长沙窑彩绘青瓷碗，内壁彩绘阿拉伯文图案，色彩纯正鲜艳，技法娴熟，线条流畅自如。这类阿拉伯文图案应是专供海外地区定向制作的，如长沙窑彩绘碗上常出现描绘有阿拉伯《古兰经》的文字和图形，有的加以卷云或小草作为辅助纹饰。用草叶等辅助花样镶边《古兰经》则是阿拉伯地区装饰《古兰经》的重要手段。为了适应海外市场的需求，长沙窑产品除保留传统素材外，还加入了很多异国文化元素。根据长沙窑发掘报告资料，可见长沙窑瓷器纹样中的骑士、胡人吹笛者、舞蹈者、椰枣纹以及富有变化的抽象几何图形等，都充满了浓郁的异域风情。这些彩绘装饰和图案内容是根据输入地区的喜好、流行纹样而设计制作的，符合阿拉伯地区人们的审美标准，属于专供外销的产品。

与长沙窑产品一同出水的还有三件完好无损的巩县窑生产的唐代青花瓷器，这也是海内外出土的有相对可靠纪年证据的唯一一批青花资料，表明唐代青花瓷器的出现不会晚于"黑石号"沉船代表的9世纪前期。人类文明交流融汇的痕迹，尽在这些尘封千年的历史遗珍里。

（本文刊于《人民日报》2016年3月20日12版，文中配图由浙江省博物馆提供）

南越舟影：船纹铜提筒

王维一

在广州西汉南越王博物馆的基本陈列展厅中，以半景画加实物展示的南越海景及大木船吸引着过往观众驻足，也让人不免心生疑惑：南越人出海吗？今人是如何推断他们的船是这个样子的？这些问题，南越王墓出土的一件船纹铜提筒或许能给出答案。

铜提筒，可作盛器使用，因其铜质，形象如筒，又有对称双耳可系绳，故而得名。虽然铜提筒器形并不华美，但目前全国仅发现有二十余件，算上越南出土的，总数也不过百件，可谓稀贵。从其分布来看，这些铜提筒主要产自西汉南越国疆域，即今广东、广西、越南北部以及云南等地，器物年代多为战国末至西汉南越国时期。可见，铜提筒是一种时代明确而极富地方特色的文物，可以说是南越文化的代表性器物。

目前全国出土的二十余件铜提筒中，南越王墓就占了九件之多，但唯独这件在器身表面刻画有四艘羽人船相连的纹饰，故此命名为"船纹铜提筒"（图一）。它出土于南越王墓的东耳室，通高50厘米，口径46.5厘米，器身上下有四组纹饰带，其中腹部的一组船纹为主纹饰——有羽人船四条，细节大同小异，它们前后相接，首尾高翘，船身修长呈弧形，每船有羽人五人，动作各不相同，还有俘虏一人，船上有旌旗装饰、鼓形乐器、高台等，船甲板下分舱，舱内装铜鼓类器物，在船的前后及船下还有水鸟、龟、鱼等动物。

这幅细节丰富的羽人船图案（见图二，局部）信息量极大。先从"人"的角度分析——船上五位羽人，头戴羽冠，上身赤裸，下身穿羽毛裙装。古代典籍中，对羽人的记载颇多，但多数是指想象中的神人，而提筒上的这些所谓"羽人"则是现实中的南越先民，但他们又是何身份？由于四船环绕提筒一周，并无标记先后，将

图一　船纹铜提筒

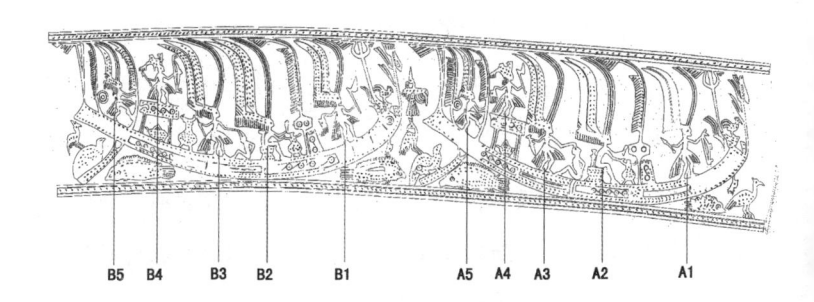

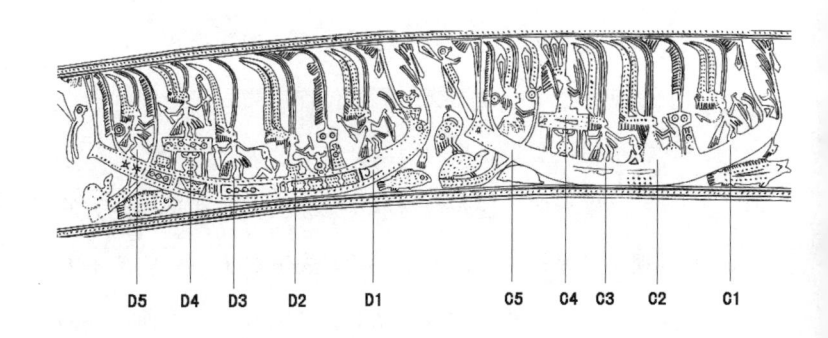

图二　羽人船图案考古线图

— 251 —

船上羽人按从船头到船尾的顺序仔细观察发现，每条船的第二位羽人都坐于一器物上，似在敲鼓或演奏某种乐器；第三位羽人，都一手拿匕首样短兵刃，一手抓持其面前俘虏的头发，似要当场割下他的首级；第五位羽人，都在操持着某种控船工具。以上三个位置的羽人动作一样，但第一和第四位羽人的动作有所不同。综合分析，有学者认为船上羽人展现的应是战争凯旋之后欢庆的场景；也有人认为，或者和祭祀水（海）神有关；另有专家进一步指出，应是战争得胜以舞蹈献祭等方式祭祀神灵的场景。虽然众说纷纭，但这四艘船上的二十位羽人显然并非凡人，他们或是战斗英模，或为祭祀领袖，又或是神秘舞者，他们连同那四位俘虏为后人研究岭南古代民俗提供了最直接的图像资料。

再来看船。这四艘船本身则是我国古代造船能力的展现，身兼多项"世界第一"。先看船头——船头下方挂一物体，对此多数专家认为是人头，正与之前所述的羽人猎头祭祀习俗相吻合。但也有学者认为，此物形象模糊，或有船锚之可能，若是如此，则秦汉时期我国船只有锚的记载当为事实。再看船体——整船首尾上翘，甲板、底板、分舱清晰，造型合理，显见这些羽人船并非抽象符号，而是有实物参考。其中的水密舱结构更是造船史上具有跨时代意义的发明。水密舱，就是用木板把船舱分隔成一个个互不相通的分区。这种造船技术看上去简单，但至少有三方面的作用：增加船体结构横向刚度、增强甲板承压的重量、避免船舱一进水即整船颠覆。史书上对于水密舱的记载最早可追溯到东晋时期，而南越王墓的下葬年代为公元前122年，所以这些羽人船的水密舱结构形象，将本就是中国发明的水密舱技术又提早到了西汉中早期。而水密舱的实用性使得远航成为可能，它对世界造船技术做出了巨大贡献，对后世影响深远。最后看船尾——在这里，每艘船上的第五位羽人正操持着一条大弧度狭长物体，此物由船身延伸到船甲板之下，从外观及人物动作来看，显然是某种控制船体行进的工具。那它到底为何物？如果是桨，则位置靠后又单独出现，对这么大的船恐怕没有多少推进之力。有学者认为是舵，但它形体过于狭长，很难如短肥舵一样控制船的航向。最有可能的还是尾橹，橹是桨的衍生和跃进，橹手以腰腹力量摇橹做横"8"字形运动，其效率是桨的两三倍，所以才有"一橹三桨"之说。橹的出现是船舶推进工具的巨大革新，南越王墓船纹铜提筒上的橹是目前所见关于橹的最早的形象证据。

这种羽人船纹并非南越王墓所独有，在越南、云南、广西等地出土的铜提筒、铜鼓上都有出现，但其他羽人船纹相对简略，尤其是船体结构简单。南越王墓的船纹铜提筒为今人了解秦汉时期岭南民俗及造船技术的发展提供了重要的图像参考。史书载"越人习于水，便于用舟"。南越地区水路纵横，南越国都城番禺地处珠江入海口，濒临南海，南越先民与海洋彼岸的交流，在成熟造船技术的基础上，渐渐成为可能。而这幅细节丰富、意义重大的南越船纹形象，不禁令人遐想——遥想2000多年前，在这条海上丝绸之路上，不知有多少南越古船承载着先祖们的海洋之梦，扬帆远航。

（本文刊于《人民日报》2016年4月17日12版，文中配图由广州西汉南越王博物馆提供）

圣塔佛光：七宝阿育王塔

张 瑶

2008年（佛历2552年）11月22日，经过近千年的历史尘封，南京长干寺地宫中的七宝阿育王塔（图一）从铁函中缓缓升起，出现在世人面前。其高大雄浑的造型、精美丰赡的图案，以及七宝随身、遍体金光的华贵风采，无不令人叹为观止。据同时出土的《金陵长干寺真身塔藏舍利石函记》记载，地宫建于宋真宗大中祥符四年（1011年）。这座七宝阿育王塔不仅是目前国内发现的体积最大、工艺最复杂、制作最精美的阿育王塔，而且塔内还瘗藏有如来真身"感应舍利"和佛顶真骨，以及以金棺、银椁为代表的大量珍贵供养器物，在海内外文物界、宗教界引起了巨大反响，被尊称为"塔王"。

图一 七宝阿育王塔

七宝阿育王塔通高117厘米，最大边长45厘米，由下部塔座和上部塔盖组成，以子母口相合。其内部以檀香木为胎，表面为银质，通体镏金，塔身凿有452个圆孔，孔内镶嵌水晶、玛瑙、玻璃、青金石等各色宝石。塔盖顶部中心处立塔刹，四角设四座山花蕉叶。山花蕉叶与塔刹之间以链条相连，链下悬挂风铃。塔身表面锤揲佛教纹饰、图案。塔刹根部圆环上饰金刚杵和天王像。山花蕉叶四个内侧面上，两面各饰一立佛、两供养菩萨，另两面各饰一坐佛、两护法天王；山花蕉叶八个外侧面上共有十九幅画面，表现了佛祖释迦牟尼从诞生、出家、苦修到觉悟、传法、涅槃的人生历程。塔盖和塔座底部四周皆饰佛像，塔座四隅各立一只大鹏金翅鸟，四面分别浮雕"萨埵太子舍身饲虎""大光明王施首""尸毗王割肉贸鸽""须大拏王"四幅大型佛祖本生变相。传说佛祖于今世之前经过无数次生命轮回，无论为人还是为动物均舍身向善，这四幅变相即截取了佛祖前生的四次壮举，传递了其历劫求道、度己度人的慈悲情怀。

除纹饰与图案外，七宝阿育王塔的外部还錾刻有大量铭文，计二十条共三百余字。其中塔盖底部四面分别锤揲"皇帝万岁""重臣千秋""天下民安"和"风调雨顺"四字吉语，反映了当时人们渴望君民和谐、天下太平的美好心愿。塔刹根部、山花蕉叶内侧、塔盖底部四周、塔座变相下部等处皆錾刻有铭文，主要为施主姓名、捐资数目、打造内容等。其中，位于塔盖顶面两个椭圆形开光中的铭文最长、内容最为丰富，记载了北宋大中祥符四年，在演化大师可政、守滑州助校王文、会首张重旺等人的倡导募化下，众位施主捐舍银一百二十二两、金二两八钱半、檀香七斤、"大圣七宝念珠"及"水晶珠宝"等物，聘用扬州工匠朱承信等人打造七宝阿育王塔的事迹。这些铭文真实记录了大中祥符年间金陵长干寺建塔建寺、瘞藏舍利的重要过程及诸多细节，为研究北宋金陵长干寺兴造史、宋代佛教与社会的关系、北宋手工业发展等诸多课题保存了珍贵的第一手资料。

长干寺重建后不久，宋真宗赐额"天禧寺"，直到明永乐六年（1408年）不幸毁于一场大火。四年之后，雄才大略的明成祖朱棣为了纪念其母亲，敕令在原址上修建了大报恩寺。江南大报恩寺是当时中国规模最大、等级最高的皇家寺院，存在了四百多年，直至清代咸丰年间毁于太平天国兵火。

长干寺地宫出土了一整套宋代舍利瘗藏容器，包括石函、铁函、七宝阿育王塔、漆函，以及金棺、银椁和大小银函等。最外层是高 1.6 米的石函，其北壁石板上镌刻《金陵长干寺真身塔藏舍利石函记》，记载翔实。石函内是高 1.3 米的铁函，是目前国内发现的最大的宋代铁函。铁函内便是七宝阿育王塔，塔内发现了几套分别瘗藏有佛顶真骨舍利、诸圣舍利和感应舍利的供养容器：一套是鎏金银椁（图二）内盛金棺（图三），金棺内瘗藏有佛顶骨舍利、三个水晶瓶及一个鎏金小银盒，水晶瓶及鎏金小银盒内又瘗藏诸圣舍利；另一套为漆函内盛大银函，大银函内盛鎏金小银函，鎏金小银函内为水晶瓶，水晶瓶内瘗藏感应舍利；还有一套是小银盒内盛罗囊，罗囊内瘗藏诸圣舍利。在瘗藏佛顶真骨的鎏金银椁底部刻有铭文，其中有"大卿施护佛顶骨"的字样，记录了佛顶骨舍利是施护捐赠的。据史料记载，施护是

图二 鎏金银椁

图三 金棺

印度人，他在980年从印度来到中国弘法，当时的南京是江南地区政治、经济和文化中心，除带来大量的佛经以外，施护还将珍贵的佛顶骨舍利带到南京，并最终供奉于长干寺地宫内。

这件七宝阿育王塔，是北宋手工制造的集大成之作。塔内发现的佛教供器质地丰富，品类众多，堪称是20世纪80年代陕西法门寺地宫之后又一座震惊世界的佛教艺术宝库，不仅勾勒出了当时的盛世之光，也默默地倾诉着千年前通过海上丝绸之路发生的文明碰撞，以及印度佛教在中国落地生根的渐长过程。

（本文刊于《人民日报》2016年5月1日8版，文中配图由南京市博物馆提供）

漆彩流光：剔犀三层漆盒

翁 英

1986年8月，福州市北郊茶园村发现一座夫妻合葬墓，从墓葬出土的帛幡上的文字判断，男主人应是一名武将，墓葬年代应为南宋端平二年（1235年）。墓葬共出土丝织品、漆器、金银器、铜器等近五百件，其中就包括被誉为国宝、现藏于福州市博物馆的南宋剔犀三层漆盒（图一），这也是目前经考证有确切纪年的出土文物中年代最早的雕漆器。

这件剔犀三层漆盒属于剔犀工艺的上乘之作。该漆器呈六边葵形，三层一盖，子母口，浅圈足；通高13.9厘米，最宽直径为10.5厘米，盖高2.8厘米。其胎体为木胎，除盒内髹黑色推光漆外，盖面、盒身通体雕漆，

漆彩流光：剔犀三层漆盒

图一　南宋剔犀三层漆盒

器外表髹漆至少十层以上，呈棕褐色。漆盒盖面外围雕刻出八个如意云纹；盖外壁饰灵芝形图案，规则均匀分布。剔面层次匀称，刀工娴熟、刀口流畅，线条丰腴圆润。盖面、盒身采用剔犀手法，漆层厚，深刻近底，从刀口可见有朱、黑两色交叠达无数层，形成了红黑相间的纤细丝缕。坚密的漆质、朴质的造型与华美的雕饰充分融合，使其既具古朴淳厚之美，又不乏秀丽莹润之姿。它的出土，为研究宋代雕漆提供了珍贵的实物资料，体现出宋代雕漆作为中国雕漆承前启后的重要发展时期独特的魅力。

对大漆的使用，最早出现在我国，"漆之为用也，始于书竹简，而舜作食器，黑漆之，禹作祭器，黑漆其外，朱画其内"。宋代，是我国古代漆艺发展的又一高峰时期，尤其是雕漆技艺的使用，让漆器之美体现得淋漓尽致。

宋代的漆器主要被作为闺中时尚用品、上好的茶具及日常器皿、佛经经函等。这件剔犀三层漆盒，正是宋代贵族女子闺楼中所备的梳妆盒。古代女子用以淡妆浓抹的梳妆盒该是怎样的样式？虽然自汉至明清时期都有实物遗存，并多数为漆制品，但作为漆工艺发达的宋代却鲜见传世品。北宋词人张先《于飞乐令》中曾有"宝奁开，菱鉴静，一掬清蟾。新妆脸，旋学花添"等描述，可推知梳妆盒在宋代又称为"奁"。奁内，一般存放梳妆用具，包含香料、铜镜、梳子等。透过"剔犀三层漆盒"，今人可在直观的视觉中，遥想百年前古代贵族女子坐镜梳妆等闺中生活情景。

宋代雕漆的考古发现，主要集中于江苏、浙江、福州等地，明曹昭《格古要论》中提到的宋代"福犀"，就是指福州制作的剔犀漆器。从这件精美的剔犀三层漆盒在福州的出土，也可一窥福州漆艺的辉煌。福州漆器发端于唐代，由于其自然条件十分适合调漆、养漆，加之海上丝绸之路的兴起，推动了漆器业的发展，至南宋形成规模。据《淳熙三山志》记载，北宋景祐三年(1036年)在福州设作院，熙宁元年至熙宁十年(1068—1077)，拓充为都作院，内设十一作，其中有漆作。福州漆器的制作，除了满足国内需求，还在当时的对外贸易、文化交流中做出过重要贡献。

闽越人凭借濒海而居的独特区域优势，发展海上经济贸易，这构成了福州漆器传承发展的独特地理环境。宋时，福州已是"百货随潮船入市，万家沽酒户垂帘"的重要贸易港口城市，其航线到达的地域东至高丽、日本，南到中南半岛、马来群岛、菲律宾群岛的交趾、占城、缅甸、吉兰丹、浡泥国等国家和地区，西抵南亚诸国及大食、马达加斯加等国家和地区。据记载，福州当时向东南亚诸国占城、浡泥国、婆国等出口的商品中，漆器也是主要的贸易物品。北宋"靖康之难"后，不少北宋人逃往海外，也把宋代雕漆器及漆工艺带到了日本。中国的漆器深受日本人喜爱。清乾隆三十二年（1767年）九月初四，福州海关给琉球使臣马维章携带回国的货物免税清单中，便记载了其中有"漆木箱八十八只、生漆二百五十斤、漆木盘匣一千一百五十个"。

中国的漆艺不但在日本落地生根，也传播至欧洲等地。今天，再看以剔犀三层漆盒为代表的古代漆器以及现代漆艺的蓬勃发展，不但中国文明对世界的贡献闪烁其间，古代海上丝绸之路以及"一带一路"商业贸易之外的意义也得以彰显。

（本文刊于《人民日报》2016年5月15日12版，文中配图由福州市博物馆提供）

盛唐迷镜：海兽葡萄纹铜镜

毛 敏

"以铜为镜，可以正衣冠。"铜镜是古人重要的生活用品之一，其一面经精细打磨后可清晰照面，另一面往往饰有丰富多彩的图案。我国是世界上最早铸造和使用铜镜的国家之一，唐朝则是铜镜制作的鼎盛期，其中尤以海兽葡萄镜最具代表性，其造型优美、纹饰奇特、内涵丰富，不仅彰显了大唐的盛世气象，也给我们留下了诸多具有较大争议的谜团。

海兽葡萄镜大致出现于唐高宗时期（649—683），在武则天执政时期（684—705）极为流行，今天所见到的海兽葡萄镜大多属于这一时期，此后逐渐走向衰微，9世纪中叶以后基本退出历史舞台。

图一 "过梁"海兽葡萄纹　　图二 "不过梁"海兽葡萄纹
铜镜示意图　　　　　　　　　铜镜示意图

海兽葡萄镜一般呈圆形，采用浮雕技法进行装饰，主题图案以葡萄和海兽组成，凸起的轮环将镜面分为内、外两区，内区为数只海兽嬉戏于枝蔓之间，外区为葡萄枝蔓缠绕。根据内、外区的枝蔓是否相连，海兽葡萄镜又可分为"过梁"（图一）和"不过梁"（图二）两种类型。

现收藏于福建博物院的海兽葡萄纹铜镜（图三）则为"过梁"型，镜背中心为伏兽状钮，内区中五只海兽以不同的姿态攀缘于葡萄枝蔓之上，生动传神，颇具动感；外区中多只蜻蜓、蝴蝶藏于硕果累累的葡萄枝蔓之中，神态各异，栩栩如生。内、外区的葡萄枝蔓骑跨轮

正面

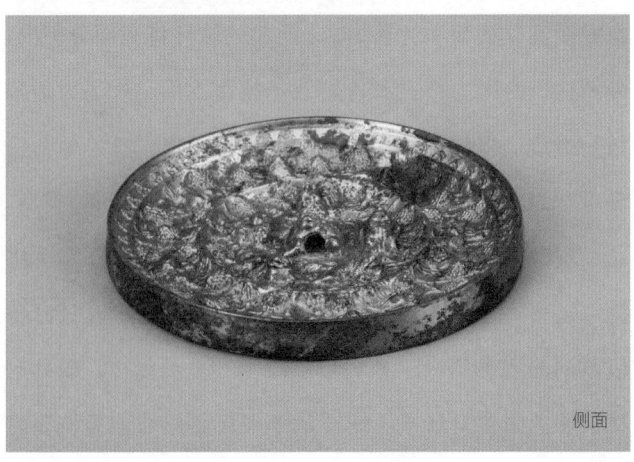

侧面

图三 唐海兽葡萄纹铜镜

环彼此相连，使得整体图案在精致之余略显繁冗，这也正是唐代审美情趣和艺术风格的体现。

中原地区原不产葡萄，汉代时通过丝绸之路由西域传入。到唐代，葡萄已成为常见的食物品种，不少唐诗之中都有提及，如王翰的著名诗句"葡萄美酒夜光杯，欲饮琵琶马上催"，李白也曾感叹"遥看汉水鸭头绿，恰似葡萄初酦醅"。与之相对应的是，葡萄纹在纺织、雕刻、铸造品的装饰之中也屡见不鲜。

海兽葡萄镜中的"海兽"，是一种在现实基础上进行艺术加工后创造出来的形象，其形态多样，有的似狮子、有的似狐狸、有的似马，不同学者根据自己的认知而对此类葡萄镜提出不同的称谓，例如宋代《博古图录》中称为"海马葡萄镜"，清代《西清古鉴》中称为"海兽葡萄镜"，此外还有"瑞兽葡萄镜""狻猊葡萄镜""鸾兽葡萄镜"等称谓。就当前而言，以"海兽葡萄镜"最为常用。

需要说明的是，我们认为不应将"海兽"理解为"海中之兽"。在我国古人的地域观念中，往往将本国称为"海内"，而将世界其他地区统称为"海外",因此从域外引进的事物被冠以"海"字,例如海棠、海石榴、海枣等,因而古人在使用"海兽"这一称谓时,强调的应该是"海外引进"。

关于"海兽"的原型有较大争议,主要有两种观点。有学者认为海兽葡萄镜中"海兽"的原型很可能是狮子。狮子原产于非洲和亚洲西部,据传东汉章和元年(87年),由月氏(今阿富汗一带)作为礼物进贡给汉章帝刘炟。随着狮子成为佛教的护法神,其形象逐渐为社会各界所喜爱,并被奉为辟邪神兽。但由于狮子的数量极少,绝大多数工匠并没有真正见过,因而只能通过有限的认识加上自己的想象进行创造,这是海兽葡萄镜上"海兽"形象千姿百态的原因所在。也有学者认为"海兽"并不特指狮子,还包括其他各种形态的瑞兽,而瑞兽是我国的传统纹饰之一,现今已发现不少六朝和隋唐时期的瑞兽铜镜。

关于海兽与葡萄组合纹饰的来源也有较大争议,同样有两种观点。一种认为是由我国自创,因为早在汉代,我国的纺织品上就出现了葡萄纹与瑞兽纹的组合纹饰。据考古发现,1959年在新疆民丰出土了东汉时期的人兽葡萄纹彩罽及走兽葡萄纹绮，可知瑞兽纹样与葡萄纹样结合的时间应该早于唐代，只是两者的组合在唐代才出现在铜镜上。另一种则认为是由域外传入，具体来说则是源自古代波斯、罗马或者希腊，因为这些国家的建筑装饰和器物上多见禽兽葡萄纹。就目前研究而言，还无法断定哪一种观点更接近事实，因为无论是我国汉代的人兽葡萄纹、走兽葡萄纹，还是波斯、罗马、希腊的禽兽葡萄纹，都与唐代海兽葡萄镜上的纹饰风格有显著的差异。

海兽葡萄镜不仅存在于我国南北方的广阔区域，而且在今天的日本、朝鲜、伊朗、蒙古、俄罗斯等许多国家和地区都有发现，表明这一装饰风格的铜镜不仅在我国流行，同时也受到世界其他地区人们的喜爱。海兽葡萄镜融合了中外文化的诸多要素，充分体现了大唐盛世多元文化的交流互鉴、兼容并蓄，是古代中外经济文化交流的重要实物见证。

（本文刊于《人民日报》2016年6月5日12版，文中配图由福建博物院提供）

丝路过从：昆仑女人头像铜杖首

钟 莹

现存于湛江市博物馆的昆仑女人头像铜杖首（图一）有诸多谜团待破解——这件器物有着怎样的功能？女人是哪国人？它产自哪里，又代表着怎样的历史？……这都有赖于学界的进一步深入研究。此文权当抛砖引玉。

昆仑女人头像铜杖首于1977年出土于广东省高州（古高凉）良德水库库区冼庙背岭的一座长方形残墓之中。其通高12.5厘米，头高3.7厘米，重229克；头像为女性容貌，脸型丰满，头发卷曲，高鼻大眼，露耳珠和耳珰；颈部作长圆柱体，中空，里面残留一小段木棍，疑似为杖头饰物。除此之外，墓葬中还重点清理出了一件莲瓣花鸟纹铜镜，以及青釉三注辟雍砚等器物，学者

丝路过从：昆仑女人头像铜杖首

图一　唐昆仑女人头像铜杖首

就其分析，认为这是一座唐代女性墓葬。

参与发掘的考古学者，将这件器物命名为"昆仑女人头像铜杖首"，是根据《旧唐书》卷一九七的记载，"自林邑以南，皆卷发黑身，通号为'昆仑'"。"昆仑"，在中国古代除指昆仑山外，还指黑色的东西，唐人沿用此义，将黑皮肤的人统称为昆仑人。昆仑人大多来自南洋诸岛、阿拉伯及非洲地区。早在先秦时期，中国就开始接受四夷朝贡，汉唐时期仍承续其制，中外朝贡关系进一步扩大，又以唐朝与周边少数民族及海外诸国交流最多。因此，研究者认为，唐代来到中国的昆仑人分官私两种，有作为年贡送往京城长安的，有作为土著"蛮鬼"被掠卖到沿海或内地的，还有跟随东南亚或南亚使节进入中国的。这些人或精习乐舞，或擅长劳作，大多在宫廷和富人家庭充当官私奴婢，从事的工作以体力和技能为主，所以时人又称其为"昆仑奴"。从唐代烧昆仑形象纸偶祭祀以及唐墓出土有大量的陪葬黑人俑，便可窥见唐代有以昆仑人为家奴的风气。因此，当时流行一句话"昆仑奴，新罗婢"。无疑，作为唐代的主要外来劳动力，他们都曾为唐代社会的发展做出过重要贡献。

昆仑人的形象自唐以来也多见诸史籍、佛教文书和其他文艺作品。目前，考古发现的昆仑奴俑，大多赤裸上身，下着羊皮短裤。孙机在《唐俑中的昆仑与僧祇》中，考证了近些年出土的唐代昆仑奴俑，并将其分为来自南海诸国的昆仑奴和来自非洲的黑人僧祇奴。但这件器物的人物形象与以往考古发掘出土的昆仑奴俑形象在发型等方面都有所不同，颈部圆柱体也比一般的杖首要长许多，因此人物形象是否为昆仑人、器物用途是否为杖首，还都有待考证。

在远离都城的良德地区出现昆仑女人头像铜杖首，说明当时曾有外国人通过海上丝绸之路进入此地，或经这里北上，或就在这里生活的种种可能。再加上高州地区出土的其他汉至明清时期的贵重装饰品天然玛瑙、绿松石、陶瓷碗罐、窑具和象征权威的铜鼓等，也说明良德曾经的繁荣及对外往来的频繁。也有学者猜测，昆仑女人头像铜杖首很可能是冯冼家族对外贸易的遗物。冯冼家族始于高凉冼夫人嫁北燕王室后人、高凉太守冯宝为妻，他们的结合也是汉俚两个民族的结合，促进了汉俚文化的融合。冼夫人是当时粤西的领袖，被当地人称为"岭南圣母"，其一生历经了梁、陈、隋三朝，后人也筑庙以示纪念。唐代，受她影响，其子孙不称王割据，归附唐朝，对唐统一岭南做出了巨大贡献。

南北朝至唐初，冯冼家族是岭南显族，也是这一地区的实际统治者。据研究，岭南冯氏主要分布有三：一是《元和姓纂》所称的"冈州冯氏"，在珠江口的冈州（今新会）、广州（含番禺）一带；二是《元和姓纂》所称的"高州冯氏"，在粤西的高州、恩州一带；三是海南岛。其中，粤西的良德古城，历来是兵家必争之地，冼氏家族长期屯守在这里。冯冼家族这种政治上自治的状态，从唐太宗时期开始走向衰落，但有唐一代冯冼家族却一直保持着豪族富室的地位，据嘉靖《广东通志》卷二十载："冯姓自冯盎遂为高州大姓，子孙历仕州郡者数十人，唐末犹为富室。"

作为岭南地区的权力统治者和名门望族，冯冼家族也通过海上丝绸之路实现着与域外的往来，其足迹遍及东南亚乃至中西亚等地区。《梁书》记载，那时东南亚扶南国的顿逊成了东西方交会的主要贸易市场，当地市场"日有万余人，珍物宝货，无所不有"。扶南国的特产也销往中国的粤西，据研究冼夫人献给陈主的犀杖就是扶南国的产物。综合分析，这件昆仑女人头像铜杖首有可能与冯冼家族相关。

时光已过千年，昆仑女人头像铜杖首背后的历史真相，有待探讨和进一步考古发掘的验证。但它的发现，让今天的观众看到了古时发生在粤西地区不同文明之间碰撞的种种可能。

（本文刊于《人民日报》2016年6月19日12版，文中配图由湛江市博物馆提供）

精品栏目荟萃

《副刊面面观》

《心香一瓣》

《纽约客闲话精选集　一》

《多味斋》

《文艺地图之一城风月向来人》

《书评面面观》

《上海的时光容器》

《谈艺录》

《问学录》

《名人之后》

《纽约客闲话精选集　二》

《编辑丛谈》

《本命年笔谈》

《国宝华光》

《半日闲谭》

《云泥鸿爪一枝痕》

个人作品精选

《踏歌行》

《家园与乡愁》

《我画文人肖像》

《茶事一年间》

《好在共一城风雨》

《从第一槌开始》

《碰上的缘分》

《抓在手里的阳光》

《阿Q正传》

《风吹书香》

《书犹如此》

《泥手赠来》

《住在凉山上》

《老解观象》

《犄角旮旯天津卫》

《歌剧幕后的故事》

《色香味居梦影录》

《走读生》

《回家》

《武艺十八般》

《一味斋书话》

《收藏是一种记忆》

本书所收篇章众多，有些作者难以联系，请见到此书的作者，与编者直接联系。谢谢。

编者邮箱：xuhongmei2006@126.com